満州天理村「生琉里《ふるさと》」の記憶

天理教と七三一部隊

エイミー・ツジモト

えにし書房

凡例

注記がない引用中の傍点は引用者による。

第2刷に際し、天理教関係者より、おもに宗教用語についてご指摘をいただき、読みやすさを考慮し、筆者の検討を加えたうえで、一部表記をあらためた。

プロローグ

四十年以上も前、私が日本で学んでいたころのことである。

幼いころの事故がもとで耳が不自由だった私は、数年ごとに内耳形成の手術を受けなければならなかった。ある年、研究のために滞在した関西の町で、突然起こった目眩によって昏倒し、奈良県天理市内のさる病院へと運ばれた。そこは天理教団によって運営される大病院であった。天理教の教えに基づき心と体の両面からの総合的医療を目指して一九六六（昭和四十一）年四月一日に開設された。それにしてもなぜ運搬された先が、奈良の、しかも市街地からはなれたところの病院であったのか、今なお不思議に思っている。

意識が回復したとき、私は病室のベッドに横たわっていた。耳鳴りでがんがんする中、かすかに「馬賊」あるいは「匪賊」と、最近に手にした資料でしばしば目にする言葉がさかんに響いていた。

それからの数日は、激痛を抑える薬の影響で意識が朦朧としていた。しかし、病室内の会話には全く不似合いな言葉は、痛みから気持ちをそらせてくれる、ある意味特効薬のようであった。

折しも病院に運ばれる前日、アメリカの友人から送られてきた一冊の本を私は夜を徹して読んでいたからだ。

本のタイトルは『*Battle hymn of China*』。太平洋戦争中に一人のアメリカ人女性ジャーナリストによって書かれ、一九四三年にアメリカで出版されている。その中に「馬賊」という言葉が頻繁に登場していた。著者アグネス・スメドレーは、「馬賊」あるいは「匪賊」とよばれる人々の多くが日本軍の中国侵略に反対する抗日ゲリラであると書いていた。それまで彼らのことを、馬にまたがり村々を襲う単なる盗賊の一団だと認識していた私は、少なからぬ衝撃を受けた。スメドレーは、彼らこそが日本が建設した「満州国」の存在を否定し、日本の帝国主義支配に抵抗した集団であると位置づけていたのである。

ベッドの上で、私はあらためて考えていた。なぜ、戦後三十年近く経った日本の六人用の病室で、「馬賊」「匪賊」などという言葉が頻繁に飛び出してくるのか。不思議でならなかった。同室の人々にぜひ聞いてみたいと思っていたが、急きょ手術が決まった。異国で、しかもひとりぼっちで手術を受け、病魔との闘いを余儀なくされたのであった。ましてや手術となれば、つい万が一のことを考えてしまい、果たして生きてアメリカに帰れるのかどうかもわからない——不安な日々が続いた。

手術の朝がやってきた。前夜、恐怖と不安におののき、ベッドの中でむせび泣いた。その日の早朝、一人の女性が私のベッドに近づき、そっとつぶやいた。

「心配せんでいいよ……オヤサマがちゃんと守ってくださるよって。元気になってアメリカに帰れるんやからね。がんばりや」

手術前の緊張感で返す言葉さえ失っていた私に、もう一人の女性が、さらに言った。

「私らも、生死の境をさまよったけどこうして母国に戻って来たんや。あんたもすぐにそうなるで……ちゃんと、オヤサマが守ってくださっているよってに」

もちろんこのときの私に、「オヤサマ」の意味がわかるはずもない。ほどなく看護婦がストレッチャーを押して病室に入って来た。緊張のあまり硬直して動けない私を四人掛かりでその上に移し、腕に注射針をさした。

もはやこのエピソードもはるか遠い日のこととなった。あのときの私は若さもあり、いささかオーバーでセンチメンタルな感傷に自らを浸していた。

生きて再び、家族のもとへ帰れるのだろうか。あるいは、この地で短い生涯を終え、冷たい土となるのだろうか……。次第に薄れゆく意識のなか、手術室に運ばれるストレッチャーの上で、病室の窓から瞼に映えた空の青さだけは、ささやかな記憶として、今も残る。

無事に手術から戻った私に、人々は優しく親切だった。少しずつ彼らと打ち解けるようになった私は、手術前に聞いた「馬賊」や「匪賊」という言葉が頻繁に飛び出すわけを問いただせるだけ親しくなったと思っていた。

そんなある日、あれこれと問いかける私に業を煮やしたのだろうか。同室の一人から思わぬ激しい言葉が返って来た。

「私は天理村《てんりそん》から引き揚げてきたんよ。あいつらには、よう叩きのめされたわ！」

このとき初めて、大日本帝国が建設した満州国に天理村という開拓村が存在したことを私は知った。衝撃であった。天理教は「世界一列みな兄弟」というスローガンを掲げていた宗教である。私の母国アメリカにおいても、日本からの初期移民たちの言い伝えで「おみきばあさん＝中山みき」を知る者は多い。信仰を持たなくとも、生活信条のなかに「中山みき」の教えを実践させて来た者も少なからずいた。

命がけで人間の平等と非戦を説いたのが「おみきばあさん」であり、天理教はその精神を教義としている。それが、日本の帝国主義の手先とばかりに、満州に開拓団を送り込んでいたなどとはつゆほども知らなかった。己の学識の浅さを思い知らされると同時に、天理教のような宗教教団までが、日本帝国主義の拡大に関与していたという事実に大きな衝撃を受けた。

だがその一方で、当初は孤独感にさいなまれ心細かった入院生活が、いつの間にか同室の人々や医師、そして看護婦たちの心温まる看護によって、天理教というこれまで関心を寄せることもなかった新宗教の息吹と力を感じさせてくれるようにもなっていた。そしてそれは、病に打ち沈む私の心にさわやかな風となって元気をもたらしてくれた。さらには、あらためて「中山みき」を知る奇縁となったのも事実である。


以後、満州天理村の存在は、「宗教と国家」という人類の歴史の中で避けて通ることのできない事実を明示するとともに、今日まで私の心にその「疑念」と「理不尽の念」とを呼び起こし続けてきた。


一九三四年十一月四日、天理教団の第一次開拓団が神戸から出港し、大連経由でハルビン東の小さな三果樹駅（北緯四十五度近辺に位置し、日本で言えば北海道最北の宗谷地区に当たる）に到着したのは十一月九日正午前のことであった。

十一月初旬とはいえこの地はすでに初冬であり、あたり一面はうっすらと雪が積もっていた。

寒さに震える彼らが目にした現地の事情は、これまで聞かされ夢に描いてきたものとは大きくかけ離れていた――。

このような話を端緒にして、後年研究の過程で出会うことになる、この時代に家族とともに天理教信者として移住した風間博と相野田健治の体験に基づく生々しい語りによって、天理教団の開拓村「満州天理村・生琉《ふる》里《さと》」とそれに隣接した「七三一部隊」との関係が次第に明らかになっていったのである。

満州天理村「生琉里」の記憶——天理教と七三一部隊　目次

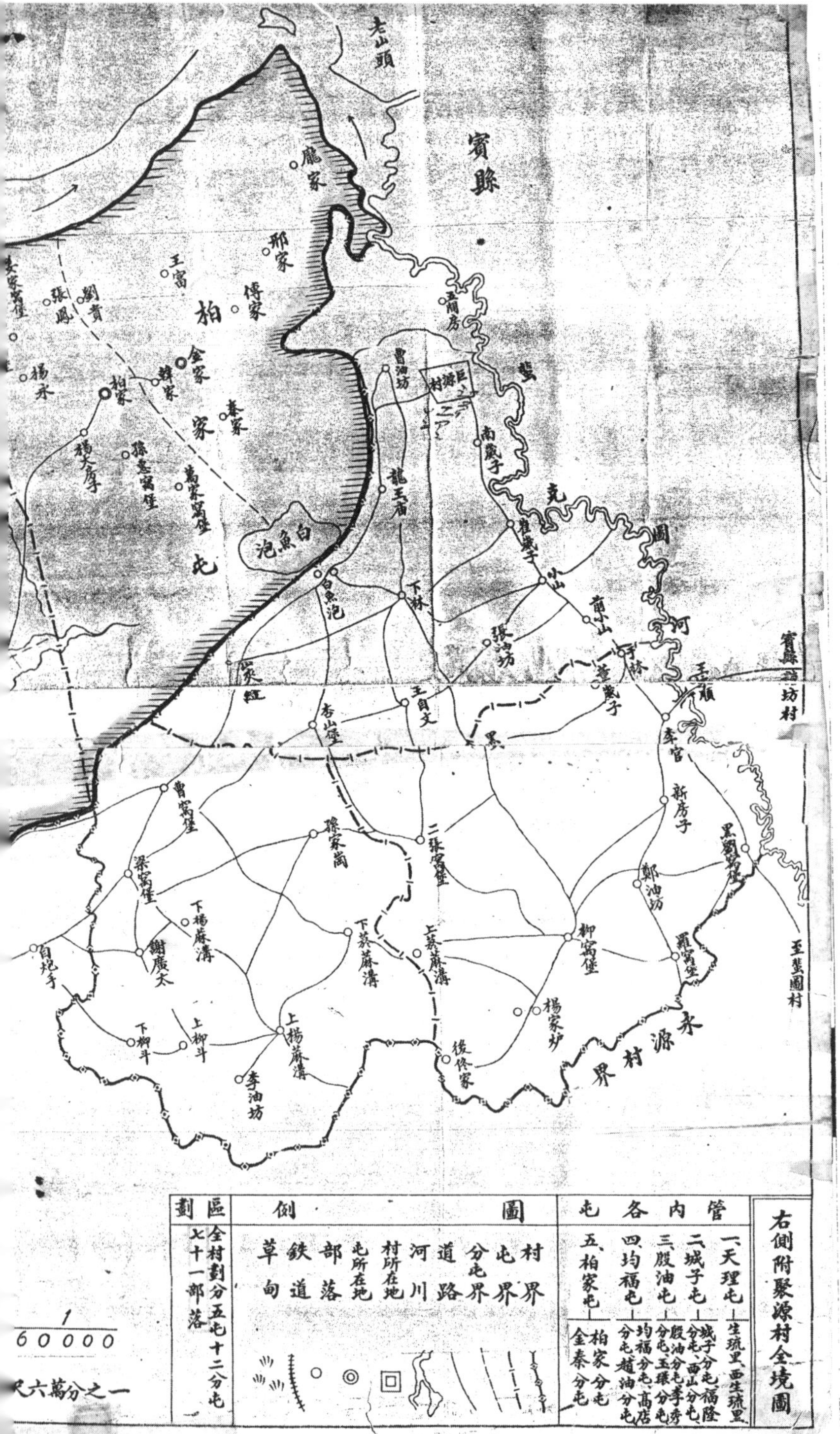

満州天理村地図（風間博所蔵）

阿城縣天理村地圖
康徳九年月日
一五一測製
呼蘭縣
江
草
城
子
河
横
道
馬家堡
西山
殷
天
理
油
均
福
陳立紅
天理村
生琉里
福昌號
屯
隆
村
界
新立
偏
驗子
姚万慶
侯窩堡
万發堡
殷油坊
仁隆福
三合慶
大和開拓団
一宇開拓団
岡山開拓団
高店
董店
東均福
西均福
小窩堡
五鳳樓
張洛八
周鳳
大了崗
大肖店
孔家
路大院
趙油坊
江東信子
王店
小肖店
五棵樹
李院頭
新發店
楊士公
高環
黄頭
佟店
孔店
太和店
荒山咀子
王鄉約
韓家窪子
五石橋
王棵樹
セメント窯
セメント鉄路
ハルビン市
阿什河
至永源村實驗圍道
(由天理村至三棵樹大車鉄路)

天理村公所調製

第1章　日本の宗教教団の大陸進出

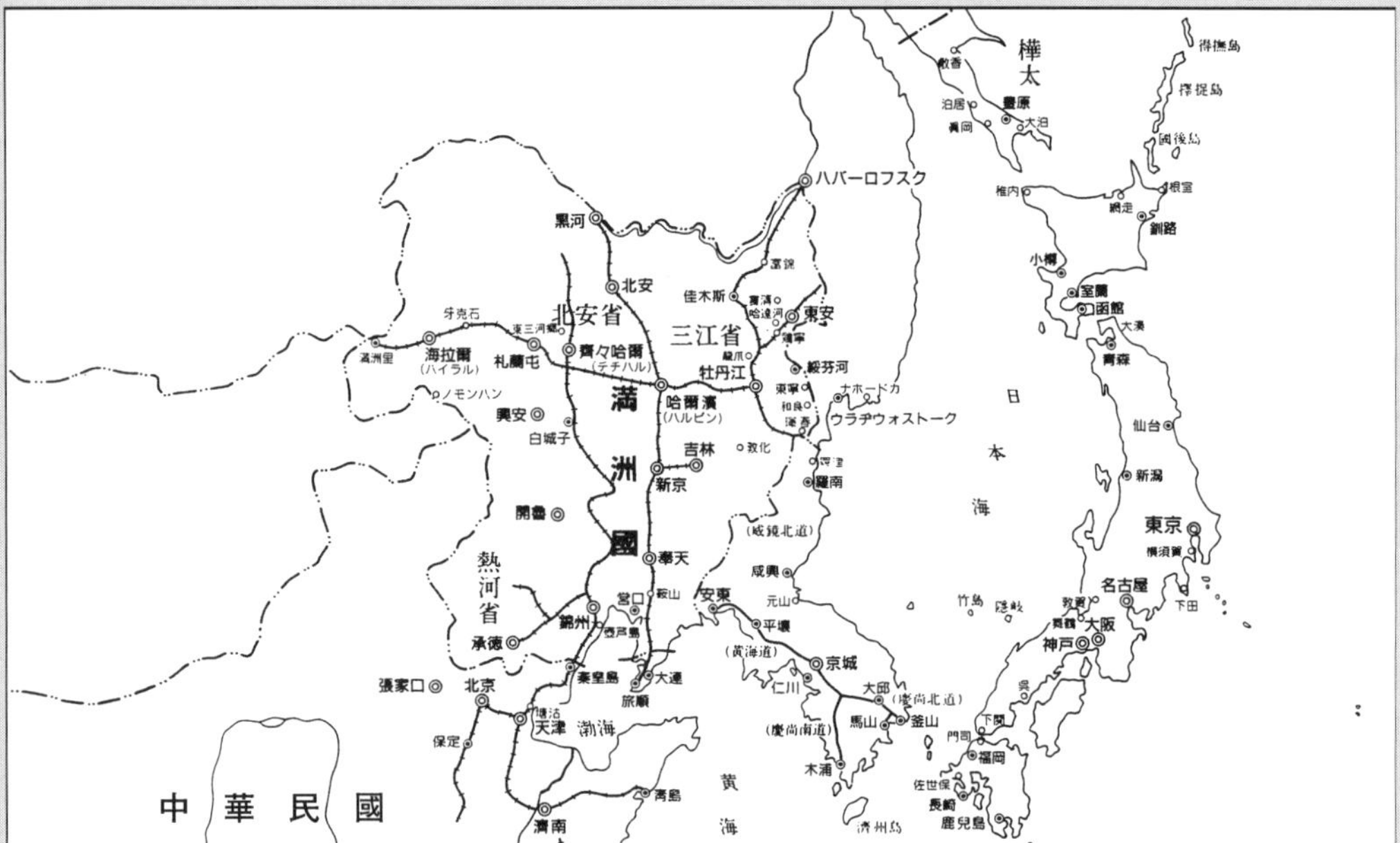

日本・満洲位置図　1932（昭和17）年（陸軍参謀本部陸地測量部作成「最新亜欧大地図」より）

１　日清戦争以前

最初に、朝鮮半島および中国大陸における日本の政治・軍事・経済の動向と、日本の宗教教団の布教活動について概観しておこう。

一八七六年の東本願寺（真宗大谷派）による上海進出を嚆矢として、他教団も競い合うように朝鮮半島や中国大陸に次々と進出し、布教活動を行っていた。

東本願寺がなぜ先行したのか。それには、大政奉還（一八六七年）の翌年に開かれた年始の新政府宮中会議がある。会議では、徳川幕府と親密で恩顧を受けていた東本願寺を焼き討ちする案が浮上した。それを聞きつけた東本願寺は、直ちに「叛意がない」旨の誓書を明治新政府に提出し、ことなきを得たといわれている。

神道国教化政策に基づき、一八六八年四月に発した太政官布告令（通称「神仏判然令」「神仏分離令」）や、一八七〇年の大教宣布の詔をきっかけに、廃仏毀釈運動が起こっていた時期である。全国の寺院や仏像、経巻が次々と破壊されるなど、仏教に対する弾圧は激しさを増していた。

仏教諸宗は存続の危機に立たされた。政府から宥和政策を引き出さなければならない。そのため、政府に対する忠誠と協力を示す〝御用政策〟を自ら推進したのである。

たとえば、東本願寺は門跡（皇族や公家の子弟などが住職を務める寺院、またはその主僧のこと。ここでは後者）自ら北陸や東海地方へ巡教・勧募（募金）して回り、軍事費一万両と米四千俵を政府に献上した。当時、北海道開拓に乗り出そうとしていた政府にとって〝濡れ手で粟〟に映ったに違いない。開拓を進めようにも財政危機に直面していた政府は、東本願寺にこの北海道開拓を請け負うよう命じた。東本願寺はいち早く開拓支援活動を始めることで自分たちこそが国益にかなう仏教であることを示そうと、百名以上の僧侶を派遣すると同時に、当時の金額で三万三千両を投じて道路工事を開始した。

国策への協力を前面に出した宗教活動の成果は大きかった。政府に忠誠を示すことで、東本願寺は弾圧の危機から脱する自信につながったのであろう。そして、この国家政策への協力の姿勢〝御用政策〟が、やがて大陸へ進出するきっかけとなった。

一八六八年十二月、明治政府は隣国・朝鮮（当時は李氏朝鮮〔一三九二～一九一〇年〕）との国交を求めて使者を派遣した。しかし、当時の朝鮮は中国の清（一六四四～一九一二年）を宗主国とし鎖国政策をとっていたこともあり、頑なに拒否された。これがこじれ、日本国内では後に西郷隆盛（一八二八～一八七七年）をはじめ一部の維新の立役者たちが論じる征韓論（朝鮮を武力で開国し日本の影響下に置く）へと発展する。だが、政府内は西郷・板垣退助（一八三七～一九一九年）の「征韓派」と、それに対する岩倉具視（一八二五～一八八三年）・大久保利通（一八三〇～一八七八年）の「時期尚早派」の対立が深まっていた。一八七三年に明治天皇が後者の意見を採用したことにより征韓派は下野することになったが、これが西南戦争（一八七七年）や自由民権運動などの起点となった。

しかし、朝鮮半島の覇権をめぐって日本やロシア帝国、清国の緊張が高まるなか、時期尚早派は次第に変節し、最後には征韓派に与せざるをえなくなった。そして、一八七五年九月に江華島事件が起こる。日本の軍艦が江華湾に入ったことを無断侵入と判断し、朝鮮側が江華島砲台から軍艦へ向けて砲撃したのである。砲弾は軍艦に届かなかったが、日本軍も対抗して朝鮮の砲台を破壊し、武力衝突へと発展した。

この事件は明治政府が朝鮮に使者を送り談判を開始する契機となった。一方、朝鮮政府にとっても事件の衝撃は大きかった。国内の鎖国攘夷派の反対を抑えて変革を望む開明派が勢いを増すきっかけとなり、朝鮮も次第に開国への道を歩み始めた。

開戦を避けるべく日本と朝鮮の交渉は続けられ、一八七六年に日本海軍の強制介入によって両国は「日朝修好条規（江華条約）」を結んだ。しかし、一二款からなるこの条約は、朝鮮にとって不平等以外のなにものでもなかった。(1)かつて西洋列強に屈し不平等条約を余儀なくされた日本が、同じ対応を隣国に迫ったのである。日朝修好条規により開港された釜山に、朝鮮政府は日本人の渡航を許可した。日清戦争前後には五千人近くがいたという。

そのような状勢下、政府は東本願寺に、日本人軍属や居留民に対する布教を要請した。これを受けて東本願寺は一八七七年、釜山に布教所を設立した。宗教教団による満蒙開拓への端緒である。布教所は翌年に別院（本寺の支院）へと格上げされ、日本人のみならず朝鮮の人々に対する布教活動を展開していった。儒教を重んじていた朝鮮では仏教を弾圧した過去があるが、その間も仏教は庶民のなかに浸透し、信仰されていたのである。東本願寺は朝鮮の人々と交流を図り、日本語教育に力を入れ、仏教書を朝鮮語に翻訳するなどして仏教学の講義も始めた。

一方、東本願寺と同様の課題を有していた西本願寺（浄土真宗本願寺派）は、政府に莫大な資金を提供することで弾圧の難を逃れていた。西本願寺の海外進出は東本願寺に遅れること十年、ロシア帝国（一七二一～一九一七年）内のウラジオストクで一八八六年（明治十九年）から「浦潮本願寺」と称して始まるとされている。当時は在留日本人のための布教を目的にしていたが、やがては従軍・慰問といった軍事的色彩を著しく帯びることになった。

日蓮宗の場合は、一八八一年に渡辺日運が朝鮮半島に渡り、それから二年後の一八八三年、釜山に日蓮宗説教所を開いた。説教所は主に日本人の移住者信徒を相手にしていたが、一八九一年には別院が設立され、さらに二年後には海外布教の発展を目的に海外宣教会を組織化した。

日本に仏教が伝わったのは六世紀のことだ。中国から朝鮮半島を経由して伝えられた。それが千数百年幾多の歳月を経て、政府からの圧力回避を背景とする〝御用政策〟のもと、今度は日本が朝鮮に〝布教〟するという逆転現象が生じた。しかも国内における〝御用政策〟は、海外展開では日本政府を後ろ盾とするものになっていた。やがて僧侶たちは、〝日本びいき〟となった金玉均《キムオッキュン》や朴泳孝《パクヨンヒョ》を代表とする朝鮮の官僚たちと手を結び、政府とのパイプ役を果すようになった。

注目すべきは、これら仏教教団の動きが日清戦争（一八九四〜一八九五年）以前であったことだ。政府主導による軍事的・経済的な大陸進出が本格化するのはこの後である。

2　日清・日露戦争と大陸布教活動

日清戦争は各仏教教団がさらなる勢力拡大を図るきっかけとなった。当初から明確な意図があったかどうかは別として、結果的には政府の政治的・経済的・軍事的大陸進出に協力し、補完関係を持つようになったのである。そして奇しくも、この戦争が始まった一八九四年の八月七日に、西本願寺は軍布教師を戦地に送っている。

国策に協力的であったのは仏教教団だけではない。キリスト教徒たちも、西洋列強の各キリスト教団の布教活動を手本とするかのように、戦死者の遺族や負傷兵に対する人道的援助活動を行い、その宗教的慈善活動の模範を示そうとした。

彼らの活動は本来、キリスト教の教理に由来する普遍的なものであった。そのため、この慈善活動に戦争への加担という側面が潜んでいることを、活動する当事者たちは意識する由もなかった。

一方で人々は、キリスト教徒たちの活動を国家への忠誠を示す〝愛国心〟の賜物として好意的に受け止めた。戦争被害者に対する慈悲や敬意や慰問を中心とするキリスト教徒としての日常的宗教行動は、その教義が普遍的に意図するところとは別に、結果的に政府の戦争遂行を円滑に進行させた側面を持っていたことを否定できない。

日露戦争（一九〇四〜一九〇五年）のころになると、日本の宗教教団の大陸進出はさらに拡大した。これには、かつて西洋列強においてイエズス会やドミニコ会などのキリスト教団の布教活動が宗主国の海外進出・植民地化政策に先行して行われ、やがて国策に協調し、深く結びついていったという事実を思い起こさせる。いみじくも、フランスのナポレオン一世（ナポレオン・ボナパルド　一七六九〜一八二一）が言ったように、〝宣教師による布教活動は大いにありがたい〟のであった。布教国に赴いた宣教師たちの下調べは用意周到で、彼らの知識は帝国主義を拡大させる基盤となった。フランス帝国主義の一端を担う意図を持って宣教師たちは海外布教に出たのではないだろうが、国は彼らの活動を利用した。

同様に、日本の宗教教団の活動も、政府と共同歩調を強めながら展開されていったのである。とはいえ、西洋のキリスト教団の布教活動と戦時中の日本における宗教活動には大きな違いがある。西洋では、まず教団が宣教師を現地に派遣して信者を獲得、その次に商人たちがやってきて店を開き、最後に軍隊がくるという（宗教→経済→国家軍事）のパターンだった。ところが、日本の中国における布教は軍部とともに植民地に乗り込んでくるのが通例であった。日本の宗教団体の布教は、ごく初期の布教はともかく本格的布教活動に至ってからは、軍部に守られながらの活動であったといえる。

たとえば、東・西両本願寺は満州へ布教師を送り、従軍布教は〝戦時奉公〟として宗教活動の基盤となっていった。布教師たちは軍隊を訪問し、布教だけではなく慰問品を寄贈した。それは、前線でも行われていた。

日露戦争が始まった年、東本願寺は十一月十日に大谷光瑩《こうえい》（第二十一代法主・大谷光勝《こうしょう》の子）を「満州軍慰問使」に命じた。西本願寺は門徒を兵役に積極的に志願させる一方、従軍僧は日露戦争において戦うことが、仏教でいうところの「不殺生戒」とは矛盾しないことを説き、戦地で恐怖に怯えるような時は「南無阿弥陀仏」を唱えよ、突撃の際には念仏を唱えよと説法して回った。後者は「念仏突貫」と言われている。国のため、天皇のために命を捧げるのは名誉であり、戦死した後は阿弥陀の浄土に生まれ変わると説いた。

一九〇四年発行の雑誌「教海一瀾」（「本願寺新報」の前身、西本願寺）には、そうした説法を反映させるかのような兵士の歌が載っている。

《君が為　あだのとりてに攻寄せて　突き入る刀に　浄土をぞ見る、
　みな進め　君の御為に死ぬものを　弥陀は浄土に待ちわびにける》
（「教海一瀾」第二三八号〔一九〇四年十二月二十四日〕教海雑誌社）

第一次旅順攻撃（一九〇四年八月一九～二十四日）において、第九師団の戦いぶりは林銑十郎《せんじゅうろう》（後に第三十三代首相）の心を揺さぶったといわれる。同師団の兵士たちは攻撃の際、皆が一斉に「南無阿弥陀仏」と唱えながら突貫したという。

《第一回の総攻撃で第九師団はほとんど全滅と迄いわれた。……真宗門徒の半死半生の兵士は皆口の中では称名を唱へて居る。夜になると全部が「南無阿弥陀仏」をやるので囂囂《ごうごう》と聞こえる位である》

（『大法輪』一九三八年三月号、「仏教日本の示標を語る座談会」における林銑十郎の発言〔九一～九三頁〕）

このように、真宗仏教は明治政府、すなわち国家に対して協力の姿勢を示し、門徒たちは〝ご浄土〟への切符を手にできる戦場へ赴くことを厭うことはなかった。これは他の仏教教団にも共通した姿勢であった。日本の宗教教団による大陸への布教が先行する中、日露戦争は日本の勝利によって終結し、一九〇五年九月にポーツマス条約[2]が締結された。これによって日本の軍事的・経済的大陸進出は加速した。

ロシア帝国は中国の遼東半島南部、長春―旅順間の鉄道支線等の租借権を日本に譲渡し、日本は遼陽に天皇の直属機関である関東総督府を設置した。なお、「関東州」とは現在の中華人民共和国遼寧省大連市の一部地域で、ポーツマス条約に基づいてロシアから日本が譲り受けた地域のことをいう。一年後、軍政だった関東総督府は廃止され、一九〇六年九月一日には拠点を旅順に移して関東都督府（後に関東庁）となった。日本は満州の利権管理をすべく、鉄道をはじめ炭鉱や製鉄所などを経営するために半官半民の国策会社である南満州鉄道株式会社（満鉄）を設立し、この業務を監督したのが関東都督府である。満鉄の本社は大連に置かれ、後藤新平（一八五七～一九二九年）を総裁として鉄道事業を中心に、広範囲にわたる満蒙事業を展開させていった。

この背景には、日清・日露戦争を経て、満州は日本の領土であるという風潮が国内で次第に強くなっていたことがある。そして、「五族協和」[3]の「王道楽土」[4]を目的に満州を開拓し、ロシアに備えることが国策として推進されていた。日本国内の不況を解消させるという目的もあった[5]。

一九一五年一月十八日、政府は中国に対し「対華二十一カ条要求」を提出した。それは、関東州の租借権および満鉄の権益の九九年間延長を要求するものであった。満州は鉄鋼事業などを展開させるに十分な資源や低賃金で働かせることのできる中国人労働者など、日本政府にとって好都合な条件が揃っていたのである。

一九一九年四月十二日、関東都督府は政治と軍事を分離することで廃止となり、民政部門として関東庁が新設された。一方、関東都督府の守備隊であった陸軍部は関東軍（駐留日本軍）として独立した。関東軍司令部は当初、関東庁と同じ旅順に置かれたが、後述する満州事変（一九三一年九月十八日）後は満州国の首都・新京（現・吉林省長春）に移転した。やがて、軍司令部は日本から派遣された一師団と独立守備隊、旅順要塞司令部など、満州における陸軍全体を統括するようになった。関東軍は天皇の直隷軍となり、その使命はロシア革命（一九一七年）を経て一九二二年に建国した〝仮想敵国〟ソビエト連邦および共産主義に対抗する急先鋒としての使命を帯びた。その結果、満蒙（満州および内モンゴル）の支配権の確立が不可欠であるとする重大任務を課せられることになった。

こうして、日露戦争以後の日本は大陸での軍事的・経済的な活動を積極的に展開し、その覇権の拡大を図っていった。一九二二年五月十五日には、満州における布教活動に関する規定が制定され(6)、同時に、既成宗教の大陸進出による勢力拡大という先駆的活動を模範として、いくつかの新興宗教教団も政府の政策に呼応して中国大陸への進出を活発化させていった。その代表的なものに天理教団があった。

3　満州事変を経て試験移民を送る

中国では一九一一年の辛亥革命で清朝が倒れ、翌年に成立した中華民国がその領土継承を宣言した。しかし、実際には全土で軍閥間の権力抗争が始まっていた。西洋列強は自国に都合のよい軍閥を支持し、彼らを通して中国への発言力を強めていった。アメリカやイギリスに対抗するかのように、日本は段祺瑞《だんきずい》軍閥を支持し、後には東北一帯を基盤とすることになる張作霖《ちょうさくりん》に接近した。そして同時期、満鉄経営はさらに拡大、発展していた。日本からは横浜正金《しょうきん》銀行（東京銀行〔現・三菱東京ＵＦＪ銀行〕）の前身で貿易金融・外国為替に特化した特殊銀行）をはじめ、財閥の三井や大倉が満州へ進出していた。

やがて、ヨーロッパが主戦場ながら植民地も巻きこまれた第一次大戦（一九一四〜一九一八年）の講和会議を契機として、日本は山東半島などその敗戦国ドイツが持っていたアジア地域における権益を継承するなど、中国における支配を拡大していった。

このころ、中国大陸では近代化をめざす国民党を民衆が支持し、軍閥支配に激しく抵抗していた。国民党のリーダであった蒋介石《しょうかいせき》は西洋列強をバックボーンに中国統一を実現しようとしていた。中国東北部でも日本政府が支持した張作霖が不安定ながら政権の座についていたが、こうした中国統一に向かう時代の変遷の中にあって、張作霖はもはや日本の言いなりにはならなくなった。東北の地においても民衆による中国統一の行動が始まっており、軍閥でさえその動きを無視することができなくなっていたのだ。国民党の勢力が植民地である東北にまで及ぶことを恐れた日本では、張作霖との関係を断ち切るべきという強硬論が軍部内で噴出し、張作霖を擁護する政府と軍部とが対立した。最終的に日本は張作霖に対し東北からの撤退を突きつけた。張作霖は蒋介石との決戦を断念し、東北を撤退して奉天へ引き上げる途中、関東軍による列車爆破事件で死亡した（一九二八年）。この事件の背景には、一九一七年のロシア革命によって社会主義が台頭し、翌年には日本で米騒動が起きるなど民衆が立ち上がっていく事態に、日本の帝国主義が揺らぐのではないかと恐れた関東軍による侵略的な行動があったためだと考えられる。

翌一九二九年十月、これまで好況を謳歌していたアメリカ経済において、ニューヨーク株式市場の暴落に端を発する大恐慌が起こる。この影響は世界中を巻き込み、日本にも波及した。国内では金融恐慌によって都市部労働者の大量失業が発生し、商工業経済に大打撃を与えた。農業界においても生糸の対米輸出が激減し養蚕を営む農家は打撃を受け、他の農産物も次々と価格が暴落した。同時期は相次ぐ凶作により全国の農村地帯が疲弊しており、貧困を極める凄惨な状態で飢饉の波が押し寄せた。農家では「娘の身売り」という悲劇も続出し、社会全体が危機状況に陥っていた。

こうした情勢のなか、一九三一年満州事変が勃発する。関東軍参謀たちの策略によって満鉄の線路を爆破（柳条湖事件、一九三一年九月十八日夜）したことをきっかけに、関東軍は中国東北への侵略を開始、占領した。そして関東軍の主導のもと、満州は中華民国からの〝独立〟を宣言し、一九三二年三月一日に「満州国」が設立された。

しかしこの間の一九三二年一月には国際連盟が「日支紛争調査委員会」を設け、イギリス人ビクター・リットン卿を団長に調査団を結成して三月から六月にかけて現地および日本を調査し、十月二日にリットン報告書を発表した。報告書は、満州国の樹立は関東軍による武力行使を抜きにしてありえなかったこと、加えて関東軍の軍事行動は中国に対する侵略以外の何ものでもないと厳しく指弾した。

報告書の批判的内容を事前に把握していた日本は、九月十五日に「日満議定書」を満州国との間で調印した。その内容は主として①満州国の承認、②満州での日本の既得権益の維持（関東州は租借として継続して日本の直接支配に置く）、そして③共同防衛の名目での関東軍駐屯の了承、であった。議定書には天皇の署名もあった。こうして、日本政府はリットン報告書の正式発表に先立ち、斎藤内閣のもと、満州国は傀儡国家ではないことを主張する行動をとっていたが、一九三三年二月に同調査内容報告を踏まえた国連決議（賛成四十二、反対一、棄権一）がなされ、結果を不服とした日本は三月に国際連盟を脱退した（反対票を投じたのはもちろん日本である）。

国内では、対ソ連戦略や昭和恐慌対策をふまえ、「満蒙は日本の生命線」（満州事変が起こる一月に松岡洋右《ようすけ》

（一八八〇～一九四六年）が初めて唱えた）であるとの認識が、新聞等の煽動的キャンペーン（日本軍の圧力もあるが）により人口に膾炙し、〝関東軍による暴走〟という批判に代わって世論となっていた。

当初、関東軍参謀たちによる張作霖爆殺から満州国建国に至る一連の行動は、陸軍省参謀本部をはじめ当時の軍中枢部の国防政策指針から著しく逸脱していたと言われる。しかしその後、軍内において規定や手続を軽視しても結果がよければ許されるとする組織の風潮と、その内実化が生まれていったといわれている。

満州事変以前は国際協調姿勢や大蔵大臣の高橋是清《これきよ》（一八五四～一九三六年）などの反対意見もあり、満蒙開拓団に消極的だった政府は、このころから少しずつ、開拓政策の推進を画策するようになっていた。一方で、これまで日本の行動に戦々恐々としていた西洋列強の反応は鈍かった。アメリカ、イギリスをはじめとした国々は大恐慌によって国内に多くの問題が山積し、日本の中国侵略に干渉する余裕がなかったのである。

こうした状勢を踏まえつつ、日本政府は開拓政策の始まりとして、一九三二年、最初の「試験移民団」(7)を大陸に送った。そこに至るまでの経緯については、後に「満蒙開拓の父」とまでいわれるようになった加藤完治（一八八四～一九六七年）の存在を抜きにしては語れない。ここで、加藤を中心にした日本政府の開拓政策に関する流れと関東軍としてこれに協力、便乗した東宮鐵男の動きを説明しておきたい。

４　加藤完治の移民政策と東宮鐵男

両親を早くに亡くした加藤はキリスト教に入信するが、物足りなさを感じて過ごしていた。しかし、東京帝国大学入学後に国家主義に出会い、以後キリスト教思想と国家主義思想が相交わる複雑な精神性が育まれた。一九一一年に大学を卒業して内務省に入省するが続かず、一九一三年に農本主義教育を実践して名高い山崎延《やまざきのぶ》吉《よし》（一八七三～一九五四年）が校長を務める愛知県立安城農林学校の教師となった。加藤はこの地で、かねてより心に留めていた古神道（仏教伝来以前に日本に存在していた宗教）へと傾き、農本主義の実践を目的としてキリスト教信仰を捨てた。

《日本は神の国であり天皇を崇拝して農業に励むことが国家にも天皇にも忠であるという、皇国観に基づく農本主義の思想を確立し、これを教育の場に実践》（桑島三郎『満州武装移民』教育社歴史新書、一九七九年、二二頁）するのが加藤の教育者としての立場であり、理想であった。[8]

一九一五年十二月、農村の自治振興に携わる指導者育成という目的を掲げ、国は山形県自治講習所を設立した。所長に就任したのが加藤である。彼はここで天皇中心の精神教育を実践したが、農家の二男や三男には農地が持てないという現状に、次第に満州こそが彼らの窮地を救うことになると考えるようになった。しかし、加藤の考えはあまりにも時期尚早だった。

この時期、満州のほとんどの地域は、一九一五年一月に中国と交わした対華二十一カ条要求によって日本の植民地となっていたが、日本政府による一方的な条約は中国の民衆から激しい怒りを買っており、加藤が唱える満州移民政策など非現実的であった。

以後、加藤の野望は頓挫したまま十年近くが過ぎた。しかし、この間の一九二五年には茨城に移民養成のための訓練所となる日本国民高等学校（後の日本農業実践学園）を設立するなど、満蒙移民政策の実現に向けて加藤は農民教育に没頭した。

加藤が運営した日本国民高等学校は、《日本の農民として明確な人生観を持つ青年を養成するのを主眼とした、全寮制の極めて特殊な学校》（桑島、前掲書、二八頁）であり、古神道を取り入れ、やがて満蒙開拓政策において重要な役割を果たすようになっていく。

官立の山形県自治講習所では、加藤が理想とする教育に少なからぬ制約があったとみられる。しかし、私立の日本国民高等学校では、加藤は自らの信条を教育の中に存分に取り入れることができた。農村の指導者育成という方針は以前と変わらなかったが、入学の条件として《満鮮に植民せんとする者をまず入学せしむ》（桑島、前掲書、三一頁）とあるように、満州移民の実現をより明確に打ち出した。

満州事変の勃発は、加藤にとってまたとない機会となった。加藤は移民政策を国内で説いて回り、政府にも働きかけた。こうした経緯の中で、拓務省は加藤の考えを土台にした試験移民の具体案を作成、議会に提出し、一九三一年八月に通過した。(9)

翌一九三二年一月、加藤は拓務省で「満州移民可能論」と題し講演を行った。そこで官吏に認識を深めさせることには成功したが、賛成多数には至らなかった。ところが、この席にいた移民関係の管理局長生駒高常《たかつね》（一八八九～一九五五年、後に満州拓殖公社理事）は、満州移民は必ず実現すると判断し、加藤に接近を図った。すでに加藤の耳にも、奉天の総領事館を通して関東軍も移民政策を検討していることが外務省にもたらされた、という情報が届いていた。国内の窮状を打開するため満州移民に関して積極的な意見が関東軍のなかで出るようになり、二月には「移民方策案」といった具体的な方向性まで現れていた。三月、加藤は《関東軍に渡りをつけなければ移民の実現は到底不可能》（桑島、前掲書、五九頁）と考え、満州に渡った。こうして、一度は頓挫したかに見えた加藤の満蒙開拓計画が、一気に加速していったのである。

しかし、先述したように移民事業を管掌する拓務省は、満蒙移民については極めて消極的であったうえ、大蔵省や外務省も一貫して反対していた。当時の高橋蔵相や奉天総領事の林久治郎《きゅうじろう》（一八八二～一九六四年）も同意見だった。(10) 日本は、《明治末年以来、一千名の農業移民が満州に渡ったが、ほとんどが定着せず失敗していた》（桑島、前掲書、五五頁）という先例があったからだ。

この頃の社会世相としては一九三二年三月、禅の修行をきわめた井上日召《にっしょう》を首謀者とする暗殺集団が財界のリーダの一人である團琢磨《だんたくま》（一八五八〜一九三二年）、井上準之助（一八六九〜一九三二年）を暗殺。彼らは、〝世の動きは直感によるもの〟、すなわち禅の精神から来ているとまことしやかに主張。当時から右翼を名乗る暗殺集団は、次第に軍部に操られるようになっていく（事件後、「血盟団」と名付けられる）。同月、「満蒙移植民計画」が閣議で否決されると、加藤は単身で満州に乗り込み、まず、石原莞爾《いしわらかんじ》（一八八九〜一九四九年）のいる奉天に赴いた。石原が加藤と東宮鐵男《とうみやかねお》（一八九二〜一九三七年、満州事変の実行犯の一人として名前が挙がった）を引き合わせたことにより、在郷軍人による第一次満蒙開拓計画が進められることになった。その中心はいうまでもなく石原だった。

加藤は石原との面会時、満州の訓練所として奉天北大営にある土地と建物の一部を借りることに成功した。そして、訓練所設立の資金として拓務省より二万円の資金が提供された。一九三二年五月には、移民者に三ヵ月間の訓練計画を予定する日本国民高等学校北大営分校が奉天で開校した。

《植民に成功する第一の条件は人間であって、満州移民にはまず移民する人間そのものを徹底的に鍛えておかなければ成功することはできない。僻地農業に耐え得るという強い信念を体得させていかんなきを期し、しかるのち入植するようにしなければダメだ》（桑島、前掲書、六六頁）という厳しくも強い信念で加藤は教鞭をとった。彼は訓練生たちに、困窮に耐える精神を養わせようと様々な試みをする。普段から粗食に耐えよと、日本人といえども米ではなくコーリャン（イネ科の一年草植物。乾燥に強く、稲や小麦が育たないところでも栽培できる）を常食させた。〝コーリャン飯を受けつけられぬなら移民の資格なし〟という厳しい言葉も投げている。

日本国内では同年、五・一五事件が起こる。この事件は血盟団事件の延長線上にあったと言ってもよい。事件の首謀者たちは犬養毅首相を暗殺し、自分たちの行動は農民救済が目標の一つであると主張した。この事件によって事実上、政党内閣は終焉を迎えることになった。それは同時に、大正デモクラシーの終わりでもあった。

内閣は変わり、移民政策担当の拓務省大臣に就任したのは大アジア主義を標榜する永井柳太郎《りゅうたろう》（一八八一～一九四四年）だった。永井は「国士」として名高い人物であり、満州移民政策に異論があるはずもない。世相も《「行け満蒙の新天地」とか「明け行く満蒙」などの兵隊の絵入りのスローガンが便箋の表紙などに登場し、新しい植民地の満州に行けばなんとかなるという気風が全国を風靡しはじめ》（桑島、前掲書、一一三頁）、満州移民で沸いた。六月十五日に開かれた臨時議会では、「満州移住地および産業調査に関する経費」として十万五百四十四円が承認された。それによって、拓務省は本格的な調査に乗り出した。そして《明治以来の徹底した天皇制教育により、国民は「侵略」などという言葉を全く知ら》（桑島、前掲書、一一三頁）ず、報道機関も大宣伝を繰り返した。

知識人の中には、〝中国人の恨みを買うような移民政策には賛成しない〟と満州移民に反対する者はかなりいた。大蔵大臣の高橋は〝満州移民は金をどぶに捨てるようなものである〟とまで断言している。しかし、国家予算をあずかる最高責任者から上がる反対の声も、時勢に飲み込まれ次第にかき消され、「満蒙は日本の生命線」の実践として移民政策は推進されていったのである。

こうして、まずは三十五歳以下の在郷《ざいごう》軍人（有事の際に召集される予備役、後備役、退役軍人で、平時は家業や民間企業で働く）かつ農業に従事する者を条件として、試験移民の募集が始まった。しかし、応募数は期待したようには伸びなかった。その理由は第一に、公式発表されたのが九月一日で募集期間がわずか一週間しかなかったこと、第二に、政策内容が不明確なうえ満州の治安に危惧を抱いた者が多かったことがある。だが、世界大恐慌によって沈滞し続けていた日本人の目に、満州は希望の新天地として映っていた。うち沈む農村から脱却し、移民団として将来を切り拓くことは、民衆に大いに希望をもたらした側面はある。

この年は主に東北、北陸、関東地方に限っての募集となり、四百二十六名の独身男性が選出された。彼らは九月十日から十八日間の厳しい訓練に参加し、それが終了すると明治神宮にそろって参拝した。十月三日には第一次移民団として編成され、満州へと旅立った。

その時の模様は東京朝日新聞（一九三二年十月四日付）が《武装移民の先駆神宮で勢揃い、いよいよ今夕東京出発》と見出しを付けて報じた〔筆者注・「神宮」は明治神宮のこと〕。それから、昭和七年《十月三日夕刻東京駅を出発した移民団は、途中伊勢神宮に参拝し、十月八日大連に上陸して東宮大尉の出迎えを受けた。大連からジャムス〔筆者注：北はアムール川を隔ててソビエト連邦沿海地方やハバロフスク、ビロビジャンと接する〕上陸までの輸送責任者は東宮大尉となった》（桑島、前掲書、一二六頁）という経緯をたどる。

一方、試験移民を送り出す政府の動きと並行し、満州においても関東軍による開拓団受け入れ準備が進められようとしていた。この状勢について、つじつまがあう事情は満州に詳しい作家・井出孫六が次のように書いている。

《張作霖爆殺事件の実行犯と目され岡山歩兵連隊第十連隊中隊長となっていた東宮鐵男大尉が、この年十二月（一九三一年）、満州に出張していることに注意しておきたい》

（井出孫六『中国残留邦人』岩波書店、二〇〇八年、二頁）

東宮は張作霖爆殺の際に現場近くにいた独立守備隊歩兵第二大隊中隊長で、先に述べたように実行犯の一人として名前が上がった人物である。その彼が、満州事変が起きた年の暮れに満州にいたことに着眼せよ、と井出はいう。そして、《ほぼ同じ頃「内地」にあって政・軍・官のあいだを回って「満蒙開拓計画」を説き始めていた日本国民高等学校長加藤完治の動き》（井出、前掲書、三頁）があったことを指摘する。

加藤が拓務省で満州移民の可能性を訴え熱弁をふるったのと同じ時期、関東軍統治部は「新国家建設後における満蒙政策諮問会議」を招集した。一九三二年一月十五日のことである。すでに述べたが日本国民高等学校校長として加藤も出席した。席上、関東軍作戦主任参謀長の石原莞爾が〝加藤にならう移民の訓練所として北大営の土地と建物の一部を貸してもよい〟と言ったことを人づてに聞いたとき、満州における訓練所設立の重要性が加藤の構想に浮かんだ。同時に、石原参謀が満州移民における実権を握っていることを確信し、満鉄理事の松岡洋右や関東軍特務部産業課長の松島艦らを頼り、加藤は石原と面会した経緯がある。また、それによって二週間にわたる満蒙政策諮問会議を通して、傀儡国家「満州国」の骨組みもできた。

満州国建国という大きな野望を抱いていた石原は法華教（日蓮宗）の熱心な信者で、当時から、極めて国家主義の強い団体であったといわれる日蓮宗元僧侶の田中智學《ちがく》（一八六一～一九三九年）が組織する「国柱会」の会員であった。石原が信心する法華経と日蓮主義は彼の野望を実現するための試金石となった。大乗仏教の観点から満州国は〝人類の救済〟という大義のもとにおかれ、これが後に満州国建国の理念となったといわれている。

王道楽土の夢を追った石原は、移民たちの入植先として北満がよいと考えた。未開墾の土地が多いうえ、ソ連との国境にも近い。国防という軍事面においてもうってつけの地だった。石原の構想は、《日本軍の予備兵力としての移民も日ソ開戦の際には大いに役立つ》（桑島、前掲書、六一頁）というものだった。

そこで石原は、東宮に白羽の矢を立てた。東宮は石原の信頼に応えるべく、武装移民実現のために密かに調査を進行させた。後に満州国軍政部顧問となった彼は、匪賊を次々となぎ倒すような軍人であった。加藤と同様、東宮も北満の肥えた大地に五族協和の民族国家建設に大きな野望と夢を描いた一人であった。(11) ここで東宮鐵男の満蒙開拓への思いを述べておこう。

後に「満蒙開拓移民の父」と呼ばれた東宮は、満州を中心に活動し、前述の通り張作霖爆殺事件の実行者であり、満州国軍政部顧問となった。彼はかつてシベリア出兵に参戦していた。その際に見たシベリア大地の開拓と国境防備を行うコサック兵の存在は、彼にとっての満蒙開拓のモデルとなった。目前に広がる北満の肥えた大地前に、一大開拓団を送るという大きな野望と夢はその時に生まれたものである。

「北満に茫々たる未墾の沃土があり、しかもそれが農耕の適地であることを知った時、移民の宿望は鬱勃たる計画となって現れるのを禁じえなかった」(井出前掲書、三ページ)

そう語る東宮である。

なお近年、東宮鐵男の「満蒙開拓に関する手記」が彼の生家から発見され、NHKスペシャル「満蒙開拓団はこうして送られた――眠っていた関東軍将校の資料」(二〇一三年九月十二日)として放送された。東宮の満蒙開拓に懸ける思いとその関与が詳細に描かれている。

しかしながらここで、忘れてならないのは、同じ時期の満州にリットン調査団も滞在していたことである。満州国を建設したとはいえ、国際的にはどの国もそれを認めず、大日本帝国の暴走劇とみなされた。ソ満国境一帯における抗日運動も下火になるどころか激しさを増すばかりで、関東軍は火消しに躍起となっていた。だが、国外のそのような情勢を日本国民は知らされていなかった。報道規制によって、新聞が五・一五事件の真相を伝えることもままならず、満州事変の欺瞞性も、満州国樹立が傀儡であることも、国民の多くは見抜けなかった。

八月十六日、拓務省の満州試験移民案が国会を通過。貧困にあえぐ農民たちは、満州に渡れば二十町歩《ちょうぶ》（六万坪）の土地が与えられると聞いて小躍りし、移民政策に疑いも抱かなかった。そうしたなかで一九三二年九月一日、試験移民の募集が在郷軍人会を通して開始されたのである。一九三五年には、加藤が一九二五年に茨城で開校した前述の農本主義に立脚する日本国民高等学校がハルビン（中国の東北部に位置し、現在は黒竜江省の省都）に移された。

５　上陸後の試験移民

試験移民たちは十月八日に大連に上陸して東宮大尉の出迎えを受けた後、奉天北本営の国民高等学校訓練生七十名と合流。以後、大連から北満のジャムスへの輸送責任者は東宮となり、ここで全員が武器を受け取った。武器を手にしたことで、このときから〝試験移民〟として応募したはずの彼らは、図らずも〝武装移民〟へと立場が変容していくのだった[12]。そして十月十四日、一行はハルビンから松花江を下り、ジャムスに到着した。

こうした流れを見たとき、試験移民は表向きには日本人による農本主義の実践にあったようだが、実際の目的はソ連および朝鮮の国境付近に開拓団を定住させることによって武装を図るものでもあり、明治政府がかつて北の守りとして送った屯田兵と同じ性格のものであったと考えなければならない。

一行がジャムスに到着した夜、匪賊の大群に襲撃される。このときは守備隊が応戦したため移民団は戦闘に参加せずにすんだが、到着早々の襲撃事件を前に下船はままならず、船中で夜を明かした。考えもしなかった事態に、開拓団員のなかには騙されて連れて来られたのではないかと疑問を抱く者も出てきたといわれる。

加藤と東宮は五百名近くの団員を開拓地に案内せず、ジャムスに止め置いた。北満はいま極寒で匪賊も横行し治安に問題があることを理由として挙げ、そのため開拓地への入植は次の春まで待つと説明した。しかし本当の理由は、後に詳しく述べるが、入植地が決まっていなかったことだ。

予想をはるかに超える環境で娯楽も乏しく、粗食を強要され、青年たちの心はすさんでいった。到着した当初は所持金で空腹を満たすこともできたが、やがて無銭飲食の苦情が関係者の元に頻繁に届くようになった。一方で開拓移民として大志を抱き渡満した青年たちから、怒りの声が次々に上がり始めた。ある者は不安を口にし、ある者は動揺する。そして、彼らの怒りの矛先は中国人へと向けられていった。地元民への略奪や暴行、さらには強姦と、短期間のうちにやりたい放題の悪行を重ねていった。

陣頭指揮を取っていた東宮もさすがに危機感を持ち、春を待たず入植予定地の永豊鎮という村に一行を連れて出発することに決めた。そこでまず、一九三二年十一月二十日から二十五日にかけて、一部の団員たちを視察に行かせた。その間に東宮は、残った団員に抗日戦線の状況や匪賊に遭遇した際の心構えなどを説明した。これを聞いた青年たちの恐怖は増し、絶望する者も現われた。貧苦から解放されることを信じて満州に渡ったときの彼らに、匪賊たちとの対決、つまり討伐と、ソ連国境における国防の任務が隠されていたことは知る由もなかった。若者たちの士気を煽ろうと意図した東宮の言動が裏目に出てしまったのである。(13)

早くも十二月十六日と二十二日には匪賊や抗日ゲリラたちの襲撃によって、開拓団員たち一行は交戦を余儀なくされた。こうなると、もはや関東軍の「予備隊」としての位置付けである。

一九三三年二月十一日、ようやく一行は北満の入植先に向けて出発した。ところが、この時点でさえ正式な入植先は決まっていなかったという。(14)

三月二十八日、ようやく地元の知事と議定書が交わされ、試験移民たちは四万五千町歩の土地を取得した。この土地に住んでいた中国人には、一人当たり五円が支払われ、[15]四月末日までに全員が退去した。彼らは苦労の末にようやく開墾し手に入れた土地を日本人によって強制的に安く買い上げられ、半ば叩き出される形で追われていった。地元農民から強制的に買収したのは、満鉄と並ぶ国策会社である東洋拓殖株式會社の子会社、東亜勧業だった。これこそが大日本帝国の満蒙開拓政策の実態であった。

第一次試験（武装）移民団は、中国人から買い取った土地を開墾し、やがては「ジャムス屯墾軍第一大隊」と呼ばれるようになった。土地は「弥栄村《いやさかむら》」と名付けられ、一九三六年十一月十五日に自治村として組織化されるまでに三年近くの歳月がかかった。

とはいえ、あるときには実戦闘部隊として駆り出されるなど、弥栄村の実態は劣悪なものであった。厳しい環境のなかで病に倒れたり、精神に異常を来すなどして、多くの脱落者を出した。

さて、弥栄村が生まれるまでのプロセスに注目したのは、ここに、満州移民の「開拓村」を建設するための「柱」が作り上げられていったからに他ならない。さらに言えば、一九四五年八月九日のソ連軍侵攻によって繰り広げられていく開拓移民たちの大悲劇は、ここに原点があったと言っても過言ではない。

第一次試験（武装）移民たちの不満はやがて規律を乱し、移民団幹部排斥運動などが発生した。土地の人間からは「匪賊よりも恐ろしい日本人移民」と囁かれ、多くの問題を抱えるようになった。その結果、政府は以後の移民団は独身者による移民ではなく「家族移民」へと政策転換を図るようになった。移民政策そのものも見直しされ、第四次移民団の移住のころには、満州の開拓計画は次第に安定していくようになる。しかしその背景には、先述したように東亜勧業が満州人の土地をきわめて安い価格で買い叩き、指示に従わない者には満州国憲兵が銃剣を振りかざして家畜を殺したり、満州人を傷つけるなどの横行がエスカレートしていった現実がある。

6　キリスト教団による満州移民

満州事変の頃までに満州に渡った農業移民は、およそ一千人と言われる。満州国を樹立したのち、政府は「大東亜新秩序建設」（一九三八年十一月）という国策を掲げ、先述した石原莞爾、東宮鐵男、加藤完治らによって満州移民運動が強く推し進められていった。

一方、関東軍司令部も、一九三六年五月十一日に「満州農業移民百万戸移住計画」を発表した。その全文は次の通りである。

《目標
満州に対する内地人農業移民は、おおむね二十か年に百万戸（五百万人）を目処として入植せしむるものとす。
二、移民要員
移民要員は、日本内地における農漁山村の状態などを考慮の上、思想堅実、身体強健なるものよりこれを選定するものとす。
三、移民用地
移民用地は国土開発、国防上の要求、交通、治安、耕作物等の関係を考慮して選定し、主として満州国

政府においてこれを整備するものとす。》

（天理教生琉里教会編『天理村十年史』天理時報社、一九四四年、一七五頁）

この計画に賛同し、日本キリスト教団や東京の佛立開拓団（港区材木町、乗泉寺信徒たちのみで結成されたといわれる）、大阪の日蓮宗本門佛立講（信徒たち）などの宗教団体が次々と登場した。こうした開拓団は北満の地に送られることになった。

宗教教団の中でいち早くこの国策遂行に対応し、協力姿勢を示したのが日本キリスト教団や新興宗教の天理教団だった。彼らは宗教信条を柱に、独自の村の形成を試みた。

キリスト教団の入植地は、ハルビン郊外にある呼蘭県といわれる地域だった（天理教団の入植地も当初は、同地域であった）。日本のキリスト者たちが満州をめざそうとしたきっかけは、開拓団長に任命された堀井順次によれば、《キリスト教開拓団は、各教派が合同して単一の教団（日本基督教団）となる以前に、その母体と言えるキリスト教連盟によって準備された。しかし連盟が主体的に決意して、計画したわけではない。最初は、満鉄や満拓公社など、在満諸機関に籍を置いたオールド・リベラリストたちの話し合いの中で出たもの》（堀井順次『敗戦前後——満州キリスト教開拓団長の手記』静山社、一九九〇年、二五頁）である。オールド・リベラリストたちは、満州にキリスト者たちのユートピアを築こうと夢を見ていた時期がある、と堀井はいう。北清事変（一九〇〇年）の際に迫害され、奥地に追いやられた中国のキリスト者たちの一団が「キリスト村」を建設していたことに、オールド・リベラリストたちは心を寄せた。キリスト教の精神と祈りに支えられた村は、匪賊ばかりか日本の関東軍さえも避けて通ったという。

《彼らは、満州事変から満州国建国へと続く時代の動きに触発され、今こそ時機が到来したと思った。同時に、「民族協和」の建国理念からは程遠く、軍部の意向のままに強行される満蒙開拓の進め方に不安を感じて、いっそのこと、キリスト者の手で理想の開拓村を作ろうと考えた。そして、折から満州遊説途上にあった賀川豊彦を迎えて、この計画の実現に協力してほしいと要請した。賀川は大きく頷いて、承諾した。昭和十三年夏のことである》(堀井、前掲書、二六頁)。

以後の動きは、『敗戦前後』から要約する。

満州から帰国した賀川は、早速キリスト教連盟の農村伝道委員会に諮った。だが、このころの国内の農村において、キリスト者はわずかしかいない。その彼らが開拓移民になってしまうと、農村地帯での伝道は叶わなくなる。さらには、開拓準備金つまり建設資金としての五万円を調達することは、時局を考え捻出が不可能であることを理由に見送られた。

しかし、満州在住のキリスト者有志は着々と準備を進めていた。彼らは関係各機関との折衝を重ね、日本側に計画の実施を強く求めた。その結果、キリスト教連盟は一九三九年十一月、「満州国移民村に関する決議案」を可決する。翌四〇年三月には賀川豊彦を委員長とする「満州キリスト者村企画委員会」が立ち上げられ、八月には先遣隊を満州へ送り、四一年三月に第一次入植者十五家族を送り出すことを決定した。

ところが、ここで思わぬ災難が降りかかった。日本政府が一九三九年四月八日に公布した宗教団体法が、四一年四月に施行されたのである。(16) キリスト教派の「統合」という大難事に直面した。

宗教団体法によると、宗教団体として認可されるには、教会数五十以上、信者数五千人以上が必要となった。当時の日本において、キリスト教派は五十に満たず、その中で条件を満たすのはわずかに七派しかなかった。

この法律によって、キリスト教会は大混乱した。条件に満たない派は、伝道活動や慈善活動などが禁じられてしまうのだ。

一九四〇年、ついにキリスト教派は統合に向けての準備委員会を開き、翌四一年六月に「日本基督教団」を設立するに至ったが、大騒動の末に宗派の統合を果たした彼らに、満州キリスト村の建設を考慮する余裕はなかった。しかし、そのような事情を知らない満州の有志たちは、一向に反応がない日本側にしびれを切らし、南満州鉄道株式会社（満鉄）の理事・千葉豊治を日本に送り込み、早期の計画実行を促進させようとした。《彼らにしてみれば、決して好意的とはいえない関東軍や満州国政府の開拓機関と折衷を重ねてきた手前、引き下がれない事情があった》（堀井、前掲書、二八頁）のだ。

このような状況のもと、賀川豊彦はついにキリスト教開拓村設置計画を決意する。

満州側が彼らに与えた入植地は、東満州の地域であった。すでに日本人開拓村は設立され、朝鮮人や白系ロシア人[17]の村もあった。関東軍憲兵隊長の三谷牡丹江省長同行のもと、賀川は、満州国政府や満州拓殖公社（満拓）、満鉄などを訪問した。憲兵隊長が同行したのは、統合したばかりのキリスト教に対して、当時の軍部は敵国の宗教であるという認識から解き放たれておらず、教会や学校は諜報機関の一端を担っているはずと警戒心を強めていたからであった。[18]

帰国した賀川は現地視察の報告を行った後、準備委員会を満州キリスト教開拓村委員会と改名した。開拓団長に指名されていた堀井は、早速茨城にある満蒙開拓幹部訓練所に入る。入植希望者達の面接をはじめ、準備の雑務に追われていたことで従来二ヵ月の訓練期間であるはずが、二週間で出所した。一九四〇年夏のことである。同じころ、賀川はこれまでの要職の座を松山常次郎に譲り、事実上、開拓団関係の仕事を退いた。

ところが八月になると、思わぬ事態が訪れた。先の入植地が変更となり、堀井のもとにすぐさま「渡満せよ」との電報が届く。早速渡満するが、先に決定した牡丹江省の土地は国境地帯にあるため、開拓助成機関で国策会社の満拓が入植の許可を出さないことがわかった。関東軍がその一帯を軍の特別区域として重視し、キリスト者たちの入植を認めなかったことが背景にある。

キリスト者たちの新しい入植先は、ハルビン郊外にある長嶺子に決まった。彼らはまず東京の武蔵野に開拓村訓練所を開設したが、応募者の数は予想以上に少なかった。

出発の二日前、東京の霊南坂教会において壮行会が開かれた。その席上、団長の堀井は次のように挨拶をした。

《今の情勢では、キリスト教開拓団の失敗は必然である。もし、成功したとすれば、まったくの僥倖といわねばならない。失敗するとわかっていて行くのは、行かねばならない使命があるからである。この重大な時局を、重大な場所で、キリスト者の良心と誠実をもって見極めることである。ここで見極めたことが、後日必ず重要な働きとして現れるに違いない》(堀井、前掲書、三一頁)。

二月二日に七名のキリスト者が開拓員として満州に向かい、六日夜にハルビンに到着した。日本に残った家族は、準備が整う夏ごろをめどに渡満することになった。しかし、開拓員のほとんどは農民ではない。零細企業ゆえに合併され、生計の道を断たれた人たちであった。農家出身の人たちでさえ、慣れない土地や風土で一から開拓するのは並大抵のことではない。新天地にささやかな希望を抱いて渡満したが、鍬も握ったことのない男たちは日々、苦渋を味わった。

やがて、家族が到着した。しかしながら、収穫を待つまでは収入はない。食糧物資は配給制で、日本とは打って変わった生活環境に開拓員たちの不安は募る一方だった。苛立ちは家族間の衝突を生み、次第に心を病む人たちも出てくるようになった。

覚悟を決めての渡満であった。不満が蓄積しても、彼らは開拓地を去ることができなかった。彼らの渡航費を含め開拓地の設営資金などはすべて、自己負担だった。やがては返済の時がやってくる。脱退したいと思っても、それができなかったのである。

7　国内情勢の戦時体制化と満州移民の推進

武装移民を始まりとして家族移民へと、浮き足立つかのような移民開拓団を推進していた時勢の中で、日本国内では内閣が変わっていった。その流れを簡潔にまとめておきたい。

張作霖爆殺事件の前年、一九二七年四月に田中義一内閣（一九二七年四月二十日〜一九二九年七月二日）が誕生すると、満洲の権益を維持する路線が次第に強硬になっていた。そして、一九二九年の世界恐慌をきっかけとして、国内でも不安が渦巻くようになった。一九三一年十二月に成立した犬養毅内閣（一九三一年十二月十三日〜一九三二年五月二十六日）は同年九月に起こった満州事変の事後収拾ができず、関東軍に引きずられる形となっていたが、犬養は「試験移民」を認めなかった。こうした不穏な社会情勢の中にあって、五・一五事件（一九三二年）が起こる。海軍の青年将校が首相官邸に突入し、犬養首相を殺害したのである。

事件後、元海軍大将の斎藤実が首相に任命された。斎藤内閣（一九三二年五月二十六日〜一九三四年七月八日）は、満州事変後の一九三二年九月、満州国独立承認の「日満議定書」を満洲との間で締結した。翌年の三月二十七日にはリットン調査団の結果、日本の主張が却下されることを前提に国際連盟からの脱退を世界に向けて表明した。だが、首相としての斎藤はリベラル派として知られ、それによって批判されることが多々あった。また、満州移民政策に一貫して反対の姿勢を貫き、陸軍への予算に対して厳しい高橋是清を大蔵大臣に就任させていたことで、猛反発が続いていた。その間、閣僚に対する醜聞騒ぎなどが続き、後に「でっち上げ」と言われる「帝人事件」によって総辞職した。

続いて首相に就任した岡田啓介は、五・一五事件の際に海軍内を収拾した人物である。高橋は岡田内閣（一九三四年七月八日〜一九三六年三月九日）でも大蔵大臣を務めたが、任期中に二・二六事件（一九三六年）が勃発する。

前夜から降り始めた雪が東京の街を覆っていた。午前五時過ぎ、陸軍皇道派（内政的には天皇親政のもとで「昭和維新」を、対外的にはソ連との対決をめざした）の影響を受けた青年将校たちが、「昭和維新断行・尊皇討奸」を掲げて首相官邸に突撃した。クーデターには千四百八十三名の下士官兵が加わったが、三日後の二十九日に終末を迎えた。

岡田はかろうじて一命を取り留めたものの、かねてより満州移民に大反対していた高橋の体には六発の銃弾が打ち込まれ、八十二歳の生涯を閉じた。高橋の死をきっかけに、開拓移民計画が一気に拡張していった。これまで政府が軍部をコントロールできたのは大蔵省に絶大な力があり、軍部予算の決定権を握っていたからである。

だが二・二六事件には、兵士一人ひとりが背負っている東北の農民の悲惨な状況を見かねた青年将校たちによる決起という側面もあった。社会の底辺で置き去りにされた貧農民に目を向けようとしない政府に対する怒りに導かれ、新たな国家の建設を夢見ての行動であった。明治新政府以後の腐敗した政財界の打倒を叫ぶ青年将校らの姿に、政府や軍部は衝撃を受けた。反乱を率いた青年将校の中には、すでに関東軍への転任が決まっていた者もいたのである。

岡田内閣は直ちに総辞職し、代わって首相に任命されたのは外交官出身の廣田弘毅（一八七八～一九四八年）であった。廣田内閣（一九三六年三月九日～一九三七年二月二日）は国防国家の樹立を目標とし、経済の国家統制を進めるなど準戦時体制の整備に努めた。その政策の一つが、一九三六年八月七日の五相会議[19]で決定した「国策の基準」であった。大陸・南方への進出と軍備の拡充が認められ、国防すなわち国策ラインの第一線が満州移民事業の拡大であり、満州への移民政策が国策として明確に確立されていくことになった。

注

（1）なお、明治政府が朝鮮との直接交渉に臨み発言権を持つには、朝鮮の宗主国・清との朝貢関係が邪魔になる。そこで、日朝修好条規に《朝鮮国は自主の国にして日本国と平等の権を保有せり》と規定した。これによって日本は朝鮮に対し、自主の国であるからこれまでの清国との朝貢関係を絶ち切らせようとした。この朝鮮の開国という新しい歴史の始まりは、旧体制の遺産、つまり儒教的価値観をめぐり、新たな紛争の火種を生み出すことになった。日本が朝鮮開国の糸口となったことで、朝鮮政府は隣国清との間でも新たな緊張が走る結果となったのである。以後、日本と清国は、朝鮮への覇権を含む幾多の相克をめぐり、日清戦争へと発展していった。

（2）ポーツマス条約の背後には、日露戦争中の一九〇五年七月二十九日に結ばれた桂・タフト協定が横たわっていた。協定の主要議題は次の三点である。すなわち、①日本はアメリカの植民地フィリピンに対してはいかなる野望も抱かないこと、②極東の平和はアメリカ、イギリス、日本によって守るべしとすること、③この二点を条件にアメリカは中国および朝鮮半島の指導権を日本に認める、というものである。この協定によって、日露戦争以後の東アジアの植民地の富は日本とアメリカ、イギリスの三国で分かち合うことを約束したのである。被植民地国の事情をまったく考慮しない帝国主義列強国による協定であった。

さらにアメリカは、ポーツマス条約の仲介によって漁夫の利を得ようと満州進出も企んでいたが、その思惑とは逆に、日本とイギリス、そして協定からはじかれたロシアの三国によって中国権益から締め出されてしまう結果となった。以後、アメリカは日本に対し再三、中国における機会均等を要求したが適わず、対日感情は悪化の一途をたどった。こうした事態はやがて、日本に対する日英同盟の解消や軍縮への要求などにつながり、「黄禍論」の高まりとともに、後に第二次世界大戦を引き起こす日米対立の淵源となった。

(3)大和、漢、満州、朝鮮、蒙古の五民族が協力して平和な国づくりをするという、満州国建国理念の一つ。
(4)公平で平和な理想国家(楽土)を、西洋の武による統治(覇道)ではなく東洋の徳による統治(王道)で造るという意味が込められており、これも満州国建国理念であった。
(5)当時、満州軍総参謀長であった児玉源太郎(一八五二~一九〇六年)は、《日露両国の戦争はおそらく満州の一戦限りで終わるとは考えられぬ。第二の日露戦争はいつくるか予測しがたい……。それにはどうすればよいか、第一には鉄道の経営、第二は炭坑の開発、第三は移民、第四は牧畜など諸業の経営。その中でも移民を以て要務としなければならぬ。いま鉄道を経営して十年内に五十万の国民を移住することができれば、如何に露国が強がっても、そう易々と日本と戦端を開くことはできぬ》(松岡洋石『満鉄を語る』第一出版社一九三七年刊)と語っている。
(6)アジア歴史資料センター・Ref.A01200506200「御署名原本・大正十一年・勅令第二百六十二号・関東州及南満州鉄道附属地ニ於ケル神社廟宇及寺院等ニ関スル件」
(7)一九三二~一九三七年の間に政府は四回、移民団を大陸に送った。その数は延べ千七百八十五名にのぼる。そのうち三十名は戦死、二十九名は病死、四百四名が途中退団している。この期間に移住した人々は、「武装移民」もしくは「試験移民」と位置付けられ、農業開拓のみならず国防強化という軍事的使命を伴う満州国の治安維持といった使命をも背負っていた。
(8)加藤は《すべての基礎は人間である。農村の改造向上も人にあって人間が優秀であれば村が必ずよくなる。真の農民魂を持った人間を作らねばならない》(桑島三郎『満州武装移民』教育社歴史新書、一九七九年、二三頁)という理念を持っていた。
(9)日本の植民地の統治事務・監督、海外移民の募集や指導、南満州鉄道・東洋拓殖の両会社の業務監督が主要な任務。一九二九年に設立され、一九四二年に大東亜省の新設により廃止。
(10)《日本人の北満入植は失敗の可能性が大きいから朝鮮人にやらせた方がよいと外務省に報告》(桑島、前掲書、七七頁)したという。
(11)東宮は後に、《北満に茫々たる未墾の沃土があり、しかもそれが農耕の適地であることを知った時、移民の宿望は鬱勃たる計画となって現れるのを禁じえなかった》(井出孫六『中国残留邦人――置き去られた六十余年』岩波書店、二〇〇八年、三頁)と語っている。
(12)《東北軍閥所有の小銃が配られ、機関銃三丁、迫撃砲二門を〝拝領〟して「試験移民」は「武装移民」に変容した》(井出、前掲書、五頁)。
(13)こうした彼らの心情が「屯墾隊十一月月報」に十一月三十日付東宮大尉署名で、次のように掲載されている。《われわれは移民である。いつまで警備をするのか、匪賊はいつまで続くものか、匪賊との戦いで死ぬのは犬死である。移民団は拓務省のものか、加藤氏のものか、移民団のものか、農事指導員の指揮を受くべきか、農事指導員の命に従うべきか、軍人か、地方人か一時的国家の補助のために束縛されるものか、われわれの将来は不安である。われわれはだまされた。日本現役軍人と同様の勤務をしながら粟飯を食い、小夜食も給せられない》（桑島、前掲書、一四九頁）。開拓団員の募集は拓務省がしているが、実際は関東軍の指揮下にあった。開拓団員のこうした不安定な立場は、青年たちの苛立ちを募らせた。また、東宮や加藤の武装移民政策の大きな原動力となった石原莞爾が関東軍から転出していたことも、行く先に陰りが出ていたことも否めないだろう。

（14）《地元「樺川県」知事唐純礼、地方民代表孫徳増と屯墾隊長市川恭平、同顧問東宮鐵男の四名による「第一次特別移民用地議定書」の調印が行われたのは三月二十八日のことだ。先に武装した移民団が進駐したあとで土地取得の交渉をするのが東宮方式というものであった。》（井出、前掲書、九頁）

（15）一九三二〜一九三五年の銀行員初任給の月俸が七十円であった。現在の銀行員初任給を仮に月俸二十万円とすると、当時の三千倍弱になる。「五円」は今日の一万五千円に相当し、初任給月俸の十分の一以下にも満たない。

（16）《満州事変から後、「精神作興」「思想善導」などと称して、国民を戦争へと駆り立ててきた軍部は、いよいよ英米との戦争体制に入るにあたり、宗教界に対する統制に乗り出した》（堀井順次『敗戦前後——満州キリスト教開拓団長の手記』静山社、一九九〇年、二七頁）

（17）ロシア革命（一九一七年）後、ロシア国外に亡命、脱出した非ソヴィエトのロシア人。共産主義＝赤に対する意味で「白」が使われる。

（18）《賀川は、そうした状況の中でどこかで特別な事情を告げられていたらしく、キリスト教開拓村計画の取組みを通じて、軍との協力姿勢を示そうとしていたのであろうか（昭和十五年七月には、東京憲兵隊が救世軍の幹部をスパイ容疑で取り調べ、賀川も反戦的平和論を唱えたかどで勾引された）》（堀井順次、前掲書、二九頁）。

（19）一九三〇年代、内閣総理大臣・外務大臣・陸軍大臣・海軍大臣・大蔵大臣によって開催された会議。陸軍・海軍の重要政策に関する協議・決定のために随時開催された。

第2章　天理教の教義と苦難の歴史

渡満前の風間一家

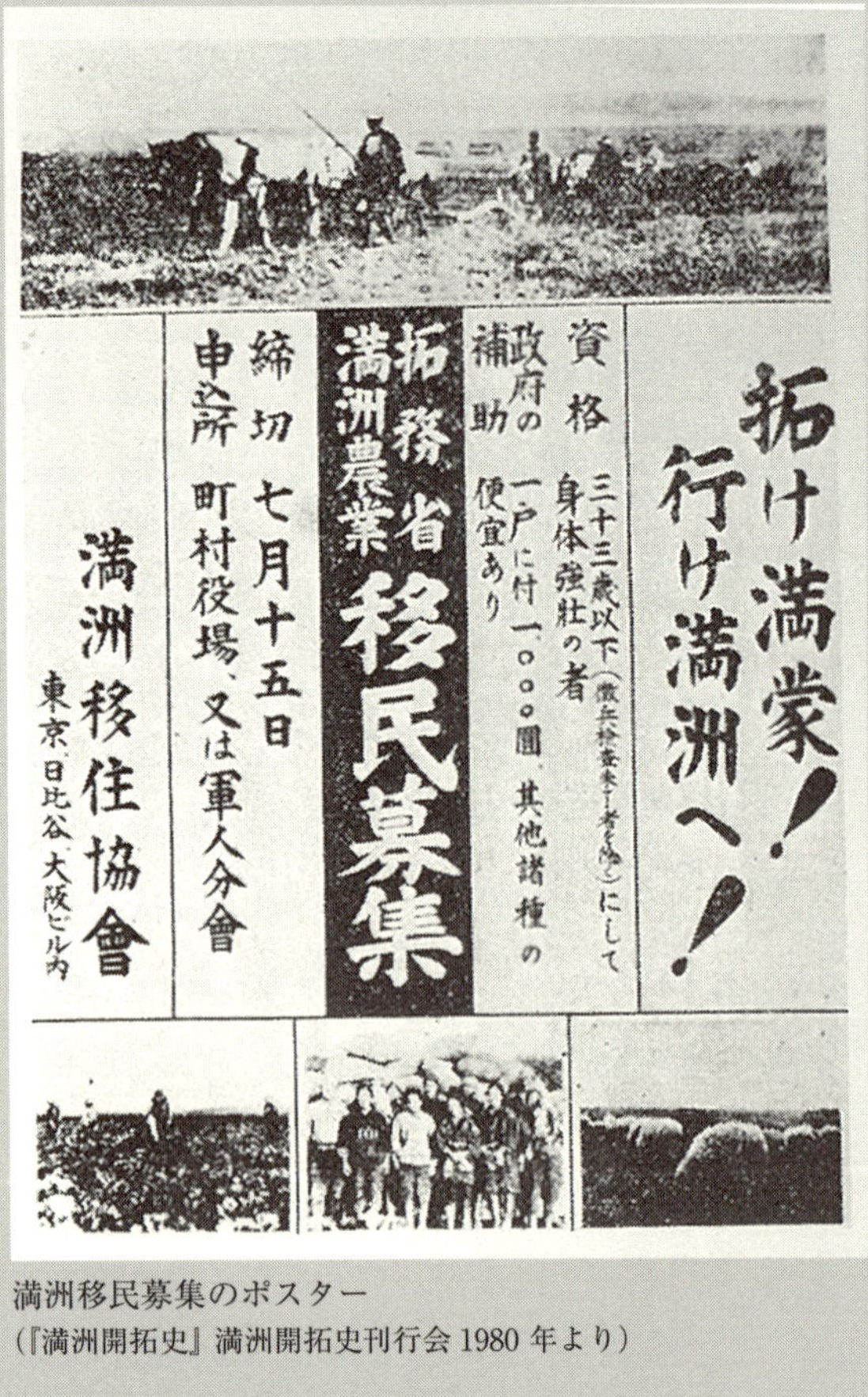

満洲移民募集のポスター
（『満洲開拓史』満洲開拓史刊行会 1980 年より）

１　教祖中山みき

天理教とは、中山みきを教祖として、幕末の一八三八年に創立された新興宗教である。民衆の生活は貧困を極め病気も流行し、特に貧者たちは次々と命を落としていた時代に生まれた天理教の主要な教義とは、次のようなものである。

○「親神《おやがみ》・天理王命《てんりおうのみこと》を神としてあがめ、その親神とは人間をはじめ、世界を創造した根元の神であり、教祖みきの体を借りてこの世に現れ、世界中の人々を一切の苦から解放して陽気暮らしの生活（喜びづくめ）へと導き、すべての人々を守護するのだ」

○親神にとって世界中はわが子、「ひとはいちれつみなきょうだい」

○「欲の心を離れ、欲を起こす原因となる金銭を親神にお供え（おつくし）し、自分のために働く日常生活を離れて教会に行き（はこび）、人のために奉仕する（ひのきしん）ことを実践の徳とする」

一七九八年、みきは現在の奈良県天理市の前川家に生まれた。浄土宗を信仰する生家でみき自身も熱心な信者に育ち、十三歳のときに同市内の家柄が良く裕福な中山家に嫁いだ。その後は夫・善兵衛との間に一男五女（秀司、おまさ、おやす、おはる、おつね、こかん）をもうけた。

みきが神の啓示を受けることになった経緯は、教団が発行する資料によれば、次の通りだ。

《天保八年の秋、麦播きの畑仕事に出ていた長男の秀司は左足に激痛を覚え、以後、しばしば激痛に襲われて歩行もままならぬ状態に陥った。家人は医者薬と八方手を尽くしたが、これという効きめもなく、そこで修験《しゅげん》者《しゃ》に頼んで、当時の病気治療法としては一般的であった加持祈祷をしてもらった。祈祷の直後は痛みも治まるのだが、また痛みだし、祈祷をしてもらうことが繰り返され》（石崎正雄『教祖とその時代――天理教史の周辺を読む』天理教道友社、一九九一年、八六頁）ていたが、《天保九年十月二十三日の夜、またもや秀司の足が痛み出し、人を走らせて修験者を呼び、加持祈祷の準備を始めたが、折あしく、いつも加持台となる巫女《みこ》がいなかったので、代わりに教祖が御幣をもったところ、今まで聞いたこともない神様が降りられ、「みきを神のやしろに貰い受けたい」と啓示し始めた》（石崎、前掲書、八七頁）。

また、『天理教教典』（天理教教会本部、天理教道友社、三頁）によれば、《我は元の神・実の神である。この屋敷にいんねんあり。このたび、世界いちれつをたすけるために天降った。みきを神のやしろに貰い受けたい》と言ったという。そして「神」は、「この世のすべての人を救うため、神の住むやしろとしてみきを差し出せ。しからば、世の人々を救済するが、拒めば、中山家を滅ぼす」とも告げた、と言われる。

いずれにせよ、これをきっかけとしてみきは神がかりとなり、「元《もと》の神、実《じつ》の神」と自ら名乗るようになっていく。親神《おやがみ》・天理王命《てんりおうのみこと》がみきに入《い》り込み天啓を受けた、というのである。

突然の状況に驚いた善兵衛であったが、最終的には三日後の《二十六日早朝に神の申し出を受け入れ》（石崎、前掲書、八七頁）、みきが「神のやしろ」となることを承諾した。天理教はこの日を「立教の日」としている。

ところで、「我は元の神・実の神」であり、みきを「神のやしろに貰い受けたい」と言った神とは、どのような神であったのか。

『天理教教典』「第4章　天理王命」では、冒頭で次のように紹介されている。

《親神を、天理王命とたたえて祈念し奉る。紋型ないところから、人間世界を造り、永遠にかわることなく、万物に生命を授け、その時と所とを与えられる元の神・実の神にています。

このよふの　にんけんはじめ　もとの神
たれもしりたる　ものハあるまい
おふでさき　三号　十五

どろうみの　なかよりしゆごふ　をしへかけ
それがたん〳〵　さかんなるぞや
おふでさき　三号　十六

親神は、人間世界の根本にていまし、この世を創められたばかりでなく、この世の有りとあらゆるもの、悉く、その守護によらぬものとてはない。しかも、その自由の守護の程は、眼に、身に、心に、ありありと、感じることが出来る。まことに、元の神・実の神にていますり》

（天理教教会本部、前掲書、三六〜三七頁）

文中にある和歌形式の歌は、天理教の原典の一つ『おふでさき』といわれ、生存中にみきが親神・天理王命の言葉を書き残したものである。(1) 冒頭の二首は、次のように解釈されている。

《人間をはじめた元の親のあることを、誰も知ったものはいないであろう。親神が、どろうみのようなところから、人間・世界をつくり、また親神の守護によって、今日のように栄えた世界や人間になったのである》(野村秋人『天理教祖こそ救世主』善本社、一九八五年、九四頁)

「神のやしろ」となったみきは「貧に落ちきれ」という神の命令に従い、以後、貧しい者や病に苦しむ者に惜しみなく尽くした。ついには屋敷を潰し、田畑までも売り払った。みき自身は極貧の日々にあって「たすけ一条」(人を助ける心構えを忘れてはならない。人を助けて我が身助かる、との教え——筆者注)に徹した。無一物になることを信条としたみきは「ひとは　いちれつ　みなきょうだい」と唱え、社会の底辺に生きる人々を救済していった。

みきの言葉は天理教の代表的な教えの一つで、みきが八十歳のときに起きた西南戦争(一八七七年、西郷隆盛を盟主にした士族の反乱)について『おふでさき』に残した言葉だ。

せかいぢう　いちれつわ　みなきよたいや
たにんとゆうわ　さらにないぞや
おふでさき十三号、四十三

これさいか　たしかにしよちしたならば
むほんのねへは　きれてしまうに
おふでさき十三号、四十九

この二首について、清水貢(一九二九~二〇一〇年、天理高校野球部元監督)は次のような解釈を添えている。

《世界中の人間は、皆親神の子供、互に真実の兄弟であり、他人というものは一人もいない。……一列平等の真実を知らず、身上《みじょう》かりものの理を悟らず、骨肉互に鎬《しのぎ》を削るの愚を嘆かれ、親神の望みは、兄弟和楽の平和にあり、かんろだいのつとめは世界の平和を願うつとめである、と教えられた》

《西南戦争は七ヶ月間、徴兵制による平民の官軍と氏族による西郷軍との九州での内戦であったのに、教祖がマスコミのない当時、何によってその内戦を知ったかは不明です。しかし、教祖はこの内戦を『むほん』と表現し、その『根を切る』、つまり根源を断つことの大切さを説いたのです》

（「宗教と平和」二〇〇六年四月十日号、日本宗教者平和協議会）

しかし、みきの行為によって没落の一途をたどることになった中山家は違った。夫は信仰を捨てよと暴力で迫り、親戚は彼女が失神するほど叩きのめした。だが、みきを慕って集まる信者たちの数は増えるばかり。《「貧に落ち切らねば、難儀なる者の味が分からん」と言って施し続けられる教祖の行為は、たんに貧乏になることによって、当時、路上に溢れていた零細民と難儀を共にするだけではなく、憑きもの筋や被差別部落ということに象徴される社会的差別ゆえの難儀を背負うことをも意味していた》（石崎、前掲書、九三頁）という。

２　弾圧の始まり

新たに成立した明治政府は、みきの教えが社会の底辺に広がることを恐れた。布教活動に励む民衆のエネルギーに危機感を持ち、みきが九十歳で死去するまで十八回もの逮捕・拘留を繰り返した。だが、みきはひるまなかった。そればかりか、迫害のたびに信仰の灯火が広まっていくことを確信していった。

みきが教祖となって生きた約五十年の歳月は、天理王命から受けた「たすけ一条」の啓示に生涯を捧げ、封建社会の中で様々な迫害や圧迫に耐えながら世界の人々を助けたいと祈念し続けた一人の女性の生き様である。艱難辛苦の道をひたすら歩んでいった。のちに教団は、このような教祖みきの行動こそが、どのような境遇でも心の持ち方一つで「陽気暮らし」ができるという手本（「ひながた」）である、と信者に教えている。

ここで、中山みきが死去するまでに逮捕・拘留が十八回に及んだという事実を含め、明治維新以降の政府による天理教への弾圧という宗教的苦難の道を振り返ることにする。それによって、教祖みきの教えと矛盾が生じる「応法の道」の方策を採るに至った経緯と、国策に殉ずる満州開拓に至る過程を見ることができるからである。

みきによる教えが世間の人々に認められるのは、一八三八年に神がかりとなってから《二十余年を経過した文久元年（一八六一）ごろ》だといわれる。やがて元治元年（一八六四）には信者たちによって最初の神殿ともいえる「つとめ場所」の建築が始まり、《布教活動の上では新たな展開を迎える》こととなった（石崎、前掲書、一四〇頁）。以後、各地で布教が始まっていく。みきの素直な言動はさらに拡大し、多くの人々の知るところとなった。そして、教えに従う民衆が増す中でみき自身が信仰の対象となり、周囲の関心を呼び覚ますようにもなっていく。

しかし、布教活動が始まり信者の数が増えていくにつれ、民衆の心をとりこにするみきを妬み、他の宗教者からの攻撃が始まった。みきを「狐、狸」と罵り、時には暴力行為に及ぶこともあった。

「天理王命として、日暮れに灯も、ともさぬのか」

一八六五年ある日の夕刻、二人の仏教僧がみきのもとを訪れ、玄関先で大声をあげた。対応に出た末娘のこかんは白刃を突きつけられ、無理難題を吹っかけられた。だが、どれだけ迫られても毅然と答えるこかんに仏教僧は太刀打ちできず、結局、畳やおつとめ用の太鼓を引き裂くなど、さんざん暴れ回った末に帰っていった。山伏（修験者）たちがやってきたこともある。このときはみきと押し問答したが、彼らもまた先の仏教僧たちと同様に返答に詰まった挙げ句、太鼓を引き裂き障子を破り倒すなど暴れ回ったのちに退散した。以後も、このような襲撃事件がしばしば起きるようになった。

みき自身も、陣屋（役所）にたびたび呼び出された。官吏らは「神」を奉ることをすべて禁止させようとした。迫害が増す中、長男の秀司は対策案を打ち出した。《京都神祇管領（吉田家）に公許を出願し、慶応三年（一八六七）七月二十三日に認可を得るに至った》（石崎、前掲書、一四〇頁）のである。吉田神道による公認後は迫害が収まったといわれるが、みきは《権力者の許しを得て宗教活動を行うという姿勢に対して、この時を初めとして、生涯、反対の態度を貫いている》（石崎、前掲書、一四〇頁）。

やがて、吉田家による公認も無効になる。明治新政府は一八六八年三月に神仏判然令を布告し、十二月には祭政一致・神祇管再興をめざす太政官布達を発布した。これによって日本は、天皇中心の近代国家形成の道を歩むことになる。廃仏毀釈運動も起こり、神官の世襲制度は廃止され、神社は国家の祭り事を執り行う機関としての立場が明確にされた。天理教の起源地である大和（奈良）でも古式ゆかしき寺院が次々と廃寺になっていった。また、神祇管領吉田家が廃止されたことにより天理教の布教公認も無効となり、教団は再び迫害の矢面に立たされた。そのため、みきの側近たちは公認を求めて明治新政府に働きかけようとするが[2]、みきは《願に行くなら、行ってみよ。行きつかぬうちに息が尽きるで。そんなこと願い出るのやないで》（笠原一男『転換期の宗教――真宗・天理教・創価学会』ＮＨＫブックス、一九六六年、二〇二頁）と言い、断固として反対した。

側近らは公認誓願を断念したが、幸いにも一八七四年頃までは目立った迫害もなく、信者の数は増え続けた。しかし、国家神道体制が急速に推し進められていく中で、非公認の宗教は厳しい道を歩まざるをえなかった。

みきが『おふでさき』の執筆を開始した一八六九年一月には第一号を、二ヵ月後に第二号を編纂しているが、第三号は一八七四年一月発行で、約五年間の空白がある。この号には、明治政府が打ち出した国家主義に抗うかのような言葉が散見できる。その一つを紹介する。

高山の　せききよきいて　しんしつの
神のはなしをきいて　しやんせ
おふでさき三号、百四十八

これは、〝神職僧侶等の説教をよく聞き、またこの道の話もよく聞き、比較しながらいずれが真実の親神の胸中であるかよく思案せよ〟という意味だ。「高山」とは、天理教において〝おごり高ぶる権力者〟を指す言葉である。(3)

　このころから明治政府による弾圧が目立つようになったが、みきは「節から芽が出る」と言い、決して体制に屈しなかった。一方で側近や信者たちは、相次ぐ弾圧から教祖を守り布教活動を続けるには、体制に立ち向かうのではなく信仰の公認を急ぐべきだ、とあらためてみきに嘆願した。しかし側近たちが権力に妥協の道をはかろうとすることには批判した。《権力への気兼ねは親神の救いを否定するものであることを強く主張しつづけ》(笠原前掲書、二一〇頁)、公認誓願を断じて許さなかった。

　とはいえ、体制側とみきの間で揺れる側近・信者たちを前にして、教祖としての自覚がみきの中に次第に育まれた。一八七四年には、自らが「月日」(4)であり神であるとして「赤衣《あかき》〜「あかき」あるいは「あかぎ」ともいう」を纏うようになったことは、国家神道体制に苦慮する側近たちとみきとの間で生じていた緊迫関係がうかがえる。みきにとって赤衣は、政府の弾圧に晒され公認を急ぐ側近たちの姿勢に警笛を鳴らす象徴であったのかもしれない。

確かに、人間をはじめ世界を創造した根元の神である「親神《おやがみ》・天理王命《てんりおうのみこと》」がみきの体を借りてこの世に現れ、世界中の人々を一切の苦から解放し陽気ぐらしの生活（喜びづくめ）へと導いてすべての人々を守護すると説き、「ひとはいちれつ　みなきょうだい」を教義とする天理教が拡大することは、〝天照大神《あまてらすおおみかみ》＝大和民族の創造の神〟を説く国家神道、ひいては明治政府にとって大いなる脅威となったことは事実である。

一八七五年九月、奈良県庁はみきと秀司に出頭を命じた。続く十二月二十三日、県庁命令により、みきは近くの圓照寺に収監された。本格的な弾圧の始まりであった。二十五日にはみきの側近三人が奈良中教院から呼び出され、《天理王という神はない。神を拝むなら、大社の神を拝め。世話するなら、中教院を世話せよ》（石崎、前掲書、一四九頁）と命令を受けた。天理教に対する信仰の停止命令である。

神道本局からの圧力に加え、新聞各紙は天理教を邪教と見なし、この時とばかりに嘲笑的な報道をした。信者の中には《弾圧をおそれ脱落するものがあいついで現れた。折角軌道にのりかけた発展も坐折するかにみえ》（笠原、前掲書、二二二頁）、離脱する者が続いたといわれる。

一八八〇年、天理教は明治政府の取り締まりを逃れるため、金剛山地福寺（真言宗高野派、現奈良県五條市）の傘下に入り「転輪王講社」を設立することによって合法的な布教を試みようとしたが、失敗に終わった。

その後、教団関係者は度重なる逮捕・拘留を受けた。みきについて言えば、一八八六年の逮捕・拘留は十八回に及び、その最後は八十九歳のときであった。

3　大日本帝国憲法下の天理教団

一八八七年、九十歳でみきが逝去した後、側近だった飯降伊蔵《いぶりいぞう》が「本席」という地位に就き、信者に神意を取り次いだ。翌年四月十日、天理教は東京府より神道の一派として公認され、「神道天理教会」の設置許可を得た。同時に、孫の一人である中山眞之亮《しんのすけ》（三女おはるの三男）がみきの「後継者」に就任して初代「真柱《しんばしら》」[5]となり、飯降とともに教団を運営した。このあたりの事情は、天理教信者を両親に持ち、過酷な少年時代を送った作家の芹沢光治良が後年、次のように記している。

《教祖様が昇天してから、飯降伊蔵先生が本席として、約二十年間、神のおさしずを取次ぎましたね。その間、初代真柱様は行政の柱として、本席は信仰の柱として、天理教を支えたが、信者は言うまでもなく先生方〔筆者注・教団の指導者を指す〕も、神の取次ぎ者であり信仰の柱である本席に、自然に心を寄せがちでした。教祖の孫であり、相続者である初代真柱様夫妻は、そのことがご不満であったが、教祖の定められたことですから、どうにもできなかったのでしょう》（芹沢光治良『死の扉の前で』新潮社、一九七八年、七五〜七六頁）。

以後、教団ではみきを「教祖《おやさま》」と称し、〝教祖の肉体は隠されようとも、その魂は今日もなお現世に生きて、人々の暮らしを見守る〟という「存命の理」の信仰を礎とするようになった。また、真柱は今日に至るまで、中山家の直系男子によって継承されている。[6]

一八八九年二月十一日、政府は大日本帝国憲法（以下、明治憲法）を発布。第一条で「大日本帝国ハ万世

一系ノ天皇之ヲ統治ス」と定め、その天皇は「神聖ニシテ侵スヘカラス」（第三条）存在で「国ノ元首ニシテ統治権ヲ総攬」（第四条）するとした。天皇は国の統率者であることを国民の前に名文し、憲法の基本原理を、天皇主権とする「国体」（国のかたち）と定めた。明治憲法の起草者伊藤博文が著した憲法コンメンタール「憲法義解」を踏まえれば《我国の建国以来、天皇は、天孫降臨の際に天照大神が下した天壌無窮の神勅に基づいて我国を統治する地位にあり、臣民は、本来的にこの天皇の統治に無条件に隷従すべく運命づけられている》となろう。(7) そして、天照大神を頂点として再編した国家神道の振興が強力に図られた一方で、国家神道から外れた宗教に対する弾圧はいっそう強化され、天理教への迫害も例外ではなかった。

確かに明治憲法では、第二十八条において《日本臣民ハ安寧秩序ヲ妨ケス及臣民タルノ義務ニ背カサル限ニ於テ信教ノ自由ヲ有ス》と謳いあげてはいる。「天皇を最高の祭祀者とする国家神道」を設立するが宗教にはあらずと位置付けた。だが、明治政府が認めたのは〝国民の義務を妨げない限り〟つまり国家神道を国民に強いるという条件付きの「信教の自由」であり、きわめて矛盾をはらむ近代国家としてふさわしいものではなく、真の信教の自由など初めから「ない」に等しいものであった、といえよう。

明治政府は、国家神道は宗教ではないという立場をとりながら、天皇を「現人神」と神格化した。そのような状況下、相次ぐ弾圧のなかにあっても天理教の布教活動は広げられ、信者たちの数も増大していった。これには、「おたすけ」という不思議な行いも関係している。人々の身体上に起きた〝異常〟の部分に詔を唱えながら両手をかざすと不思議に消えていく――奇跡が起きる、というわけである。こうした逸話が全国に広がり、一八九二年には日本国内の半分以上にわたって教会が建ったといわれる。

とはいえ、国家神道以外の宗教に対する弾圧は続いていた。東本願寺などの既成宗教だけが明治新政府の弾圧から逃れるべく対策を講じていたのではなかった。新興宗教の天理教教団も《国策への協力、社会奉仕など、あらゆる機会をとらえて、政府ならびに一般社会の天理教にたいする考え方の是正に努力をつづけていった》（笠原、前掲書、二二三頁）。

天理教の場合、信者たちの言動から宗教教義に至るまで弾圧の対象となり、政府の意向に従わないのなら解散という厳しさであった。教団は、最大限の忠誠を示す以外、信仰の道は閉ざされるという壊滅的な危機感を持っていたのである。そのため、日清戦争の宣戦布告前に、すでに教団は各教会長を本部に集め、「ひのきしん」（「日の寄進」）と呼ぶ労働奉仕隊として信者たちを朝鮮へ送るべく準備を始めていたのである。

ところが、一八九六年三月九日に「教祖十年祭」が執り行われたときに集まった信者の数に驚いた内務省が再び取り締まりを強化し、これ以上の布教活動の拡大は許さないとする訓令を出した[8]。この年には琉球を除く全国に教会が建立されていたのだ。

五月十八日、天理教本部は訓令に対し会議を開いたが、会議は連日、怒号が飛び交った。最終的に、朝夕の勤めで「あしきをはらうて」を止めること、天理王命といわずに天理大神と改称すること等を決議した。

このように、日清戦争の際に天理教団としての協力が足りなかったことが訓令発令の原因になったがゆえに、以降の教団が戦争協力の姿勢を強めることに合意したとも言われる。日清戦争で天理教が協力不足だった理由に、本席だった飯降の次のような『おさしづ』の啓示があるとされる。

一八九四年八月一日、大日本帝国軍は清国に対し宣戦布告する。戦争統率のため、明治天皇は大本営と共に広島に移った。

実は、天皇詔勅によって始まった日清戦争をさかのぼること半年前、『おさしづ』に戦争勃発の予言らしき言葉が残っているのだ。

開戦四日前の七月二十六日、政府から人夫を出せという協力要請があった。『おさしづ』では、《要らざる事やなあ》と反対の神意が示されている。これを機として天理教団は『おさしづ』に基づいて日清戦争に非協力的だった。また、ここに啓示された予言は、年月日は明示されていないものの、日清戦争に始まり満州事変、日露戦争、日中戦争、太平洋戦争へと拡大した末に一九四五年の敗戦に至る道筋が暗示されていたと言われている。

だが、最終的には《宣戦布告前に全国の教会長を「ぢば」にあつめ、全国信徒のなかから五百名の志願軍夫を募集するように命じたが十日余りで二千七百余名が志願した。ところが軍夫の志願は政府の方針で中止となったので天理教は一万円の戦費を政府へ献上した。東西本願寺もあわせて戦費一万円を献上したが、天理教は独力で一万円を調達したのである。これは天理教の教勢の伸長を物語るとともに、教団の公認をとりつけるために、教団本部が全力をあげて戦争に協力したことを示している》（青地晨『天理教』弘文堂新社、昭和四三年七月二十五日再版、二一九頁[9]）。

教団が本席の飯降に『おさしづ』を仰いだところ、《一時のところ用いるがよかろう》《それはまあ、みんなそろうた理に任せておく》という答えがあり、また、志願人夫については《ぜひという、やれといえば、また一つゆるさんでない》と、かなり消極的だった（青地、前掲書、二一九～二二〇頁）。

なお、軍夫志願の申し入れが実現しなかった代わりに、教団は軍資金一万円（当時）を献上し、国策に殉じる姿勢を示そうとした。格段の献金額に世間は騒ぎ、《東・西本願寺合して一万円を戦費に献ぜしに、天理教会は独力一万金を献ず、迷信の勢力亦驚くべし》（笠原、前掲書、二二四頁から東京日日新聞明治二九年三月十四日付）とも報道された。《迷信の勢力》と皮肉るが、信仰あつく、だが極貧の民衆から集められた「おつくし（献金）」であることを、当時のジャーナリズムは把握していたのだろうか。

「ひとはいちれつ　みなきょうだい」という教義を考えれば、教団による戦争協力などありえないことだった。飯降のことばを追うと、教団側の伺いに対し消極的ながらも抵抗して教祖の神意を汲もうとするも、最終的には教団の意向に動かされる姿を見ることができる。明治国家が西洋列強との戦いに突き進もうとする時代の空気に抗えないものを、飯降が感じ取ったことも原因の一つであったであろう。

以後、教団本部は政府の圧力に屈し、本席の本意はともかく、教義を歪曲し、戦争に協力する姿勢をとっていくようになる。これを始まりとして、天理教団は十五年戦争に至るまで政府に屈服、共存の道を歩まざるをえなくなっていくのであった。

4　独立、教義とのジレンマ

一方で、神道本局のすすめによって教団では一派独立の運動も起こっていた。一九〇〇年四月に天理教校を設立、八月には教団本部は国学者および神道学者の助言により教典編成の準備に取り掛かり、一九〇三年に完成した。十章から成る格調高い名文のそれは、「明治教典」と名付けられた。

明治教典は当初、独立誓願書に添付する書類の一部として企画された。だが完成後、いつのまにかこの教典が信仰上の大いなる手引きとなっていった。立教以来、ともすれば稚拙に聞こえる〝ものいい〟や文章のため、低次元に見られがちであった教団が、明治教典によって教義内容がレベルアップしたかのように体裁が整い、知識人階級にも広く受け入れられるようになっていったのだ。だがそれは、〝神道の一派〟としての天理教の独立であったために、教祖中山みきの心がほとんど存在しない、天皇中心の国家主義的内容のものであった。教祖の親心を踏みにじる以外のなにものでもないことを、当時の教団権力者たちが知らぬはずがない。それゆえ、明治教典を用いての布教活動には限界があった。

一九〇四年二月八日、日露戦争が勃発。天理教団は日露戦争の戦費捻出のために政府が発行した国庫債権の募集に協力し、二百五十万五千円以上もの国債を教団で購入した。そればかりか、軍資納付金、出征兵士の家族の慰問や彼らへの寄付、さらには戦死者家族のために補助金まで出していた。日清戦争のとき以上に国策に積極的な姿勢を示し、〝迷信〟と皮肉られる世間の印象を払拭しようと努力した。さらに教団として、全教会信者に毎月一回、戦勝祈願の祭りを行うよう指示する「諭達」を発布した。[10]

一九〇七年に飯降伊蔵が七十五歳で死去した翌年、立教から七〇年目の一九〇八年十一月二十七日、ついに悲願の独立を果たした。しかしその背景には、眞之亮から全権を委任された松村吉太郎が《莫大な運動資金をふところに、政府の高官や政党の有力者に近づいて、猛烈な地下運動を試みたといわれている。その結果、明治四十一（一九〇八）年に、ようやく神道本局の配下を離れ、天理教は独立の教派として国家に公認されるに至った》（青地、前掲書、二二〇〜二二一頁）という事情もあったようだ。

しかしながらこれより後、信者たちは親神天理王命を神としてあがめ、その親神とは、人間をはじめ世界を創造した「元の神」であり、「実の神」を指すことを公にすることができたのである。

教団は教祖について、死して後もその命を「ぢば」（地場）にとどめ永遠に存在し、親神による人類救済はこの「ぢば」を中心に行われていると説いた。「ぢば」とは天理教の言葉で、「魂」のふるさとの意である。人間の命の発祥の中心を「ぢば」と称し、教祖の「ぢば定め」という啓示でその場所を定めている。[11] また、このころ教団は婦人会が中心となって一九一〇年に児童福祉施設「天理教養徳院」を建設した（一九二五年に「天理養徳院」と改称）。

だが、次第に後継者たちは亡きみきの心に背くようになった。明治政府における神道は、最終的に「国家神道」と「教派神道」とに二分され、その過程で天理教は一九一二年、教派神道に位置づけられた。その意味では、天理教は国家から独立した神道として認められたことになった。

明治憲法は先にも述べたように、国民の義務を妨げない限りにおいて宗教の自由を認めるという条件が横たわっていた。国民はどのような宗教を信じてもよいが、まずは「一国民」（臣民）としての振る舞いと行動が優先される、というものである。一八七三年から始まった徴兵制度のもと、宗教にかかわらず国民としての義務を全うしなければならなかった。

自らの宗教を持つ者にとって、国に対する義務と信仰との間に解決し難い葛藤が生じていくのは当然で、天理教信者も同様であった。国家への忠誠を第一とするならば、国家の戦争行為に加わることは、「ひとはいちれつ　みなきょうだい」という教祖の教えと矛盾する。

指導者たちも当然、そのジレンマに直面せざるをえなかっただろう。しかし、飯降亡き後の教団は「国家の義務」と「信仰の自由」という矛盾をはらんだ過程で、信者たちの矛盾を置き去りにしたまま、教団は「ひとはいちれつ　みなきょうだい」を一大スローガンに、信者数の拡大と組織化を進めた。

大正時代（一九一二～一九二六年）に入ると、天理教は低迷の一路をたどった。第一次世界大戦（一九一四～一九一八年）が勃発し、国内では物資の供給は鈍り、産業は低迷して不況の嵐が吹き荒れた。同様に、天理教内部も揺れていた。独立に奔走した松村吉太郎が一九一五（大正四）年、当時の賄賂密告によって収監されたこと、また、念願の独立を達成し関係者に虚脱状態が生じていたことが原因で、布教活動も高まりを見せなかったのだ。

飯降亡き後、教団は言上のゆるし（神の言葉をのべるゆるし）を認めようとはしなかった。しかしながら自し、あるいは異常者として教団から追放した。

理教と真正面から衝突し、内部分裂を引き起こさんばかりの勢いだった。だが、教団本部は彼らを異端とみなら〝神がかったと〟称する指導者たちが教団内に出現し始め、教祖みきの一族を批判したうえ、組織化した天

5　日中戦争に対する教団の対応

一九二八年、中山みき自筆の『おふでさき』が公刊された。

《教祖直筆の原点をようやく表に出せる状態になったことは、それまでの時代を振り返ったとき、誠に画期的なことであったといわねばならない。さらには、その前年より昭和六年にかけて、「おさしづ」が順次、分冊として発刊されている。ここに、天理教の原点として『おふでさき』『みかぐらうた』『おさしづ』がそろい、親神の思召を堂々と世に披瀝し、誰はばかることなく、教祖に教えられた通りに「教え」を説くことのできる時代が到来したかのようであった》（天理教表統領室特別委員会『世界たすけへ更なる歩みを――「復元」五十年にあたって』天理教道友社、一九九五年、三五頁）

しかしながら、翌年には早や、暗雲が立ちこめていく。

《昭和四年、天理教校の教科書として編纂された『天理教綱要』には、基本教義書として『泥海古記』（元はじまりの話）、それに「おふでさき」「おさしづ」「みかぐらうた」の四つが挙げられており、明治教

典が棚上げされた格好になっている……（中略）……やがて到来する迫害弾圧時代の暗雲を予感させるような出来事であったというべきであろう》（天理教表統領室特別委員会、前掲書、三五頁）

日本の中国侵略が始まった一九三七年は、天理教が起こって百年目（「立教百年」）のことであった。教団は記念すべき節目のこの年、（やがて回収されるのだが）「おふでさき」「おさしづ」を全教会に発布した。ところが、その翌年のことである。

《一九三八（昭和十三）年十一月、文部省宗教局長から天理教管長に対して公文書で上京招致がなされ教団の「革新」を迫った。文部省の川村理事官は「天理教は即刻に原典を伏せよ…教祖五〇年祭記念に全教へ下附したおふでさき・おさしづ全巻を即刻に本部へ回収して、これを物理的に破壊せよ…特に軍の皇道派からの貴教に対する突き上げが異常なまでにきびしく…教義が国家神道に悖《もと》ると言う認識にたつ彼らには、どうしても国論の統一上、貴教団が異質的な存在として大きな障害であるというのです。…天理教がこの国家非常時に際して決然として全教一致、尽忠報国に邁進し、皇恩に酬い奉る旨の卒直明快な諭達を発布して、その決意を内外に表明してもらいたい。その一つは、天理教は原典を破棄すること。その二は、革新的な新体制のもと国体明徴の審議に徹し、全教一致団結して尽忠報国の実を挙げること。その三は、教師の素質向上と全教信者の時局認識の徹底を期し、銃後活動に全力を傾注すること」と述べたという。（東井三代次『あの日あの時・おぢばと私』養徳社、一九九七年、上巻一四九頁）》（清水貢『実録　軍国教育「増補版」――戦争で学校教育はどう変わったか』ウインかもがわ、二〇〇五年、七七～七八頁）

信者たちの信仰の「柱」であるおふでさき・おさしづの全巻破棄を国によって命じられた教団は、「革新委員会」を設置、そこで文案が練られ、文部省が下見をすると言う事態の中で、結果的に《一九三八（昭和十三）年十二月二十六日、「革新」を表明した論達第八号を出したのである。それは「応法（おうぼう）」への道の出発を指示された歴史的大号令」であった。（東井三代次『あの日あの時・おぢばと私』養徳社、一九九七年、下巻三六ページ）》（清水、前掲書、七九頁）

近衛内閣による教団への弾圧、さらには最終手段として受け入れざるをえなかった応法――おうぼう――の道――当時は「刷新」と呼ばれた――だが、その内実は《「万世一系」の天皇を絶対とする国体護持と対外侵略の国策に協力するという道が決まった。》（清水、前掲書、八二頁）のである。

紀元節（二月十一日）には、教内各学校で「神武天皇の御事蹟」の講話を行い（清水、前掲書、八三頁）、「紀元二千六百年祭」への全面協力、さらには「神武天皇」を祀る橿原神宮外苑整備が行われ、《天理第二中学校も十三年七月に「建国奉仕隊」の結成式をあげ、以後十四年十一月の解散式に至るまで、数次にわたって活動した。》（清水、前掲書、五六頁）

続けて言えば、《昭和十三年一月、「愛国少年給仕五〇名を派遣せよ」との北支派遣寺内部隊から天理教時局委員会長あての電報に基づいて成されたのが愛国少年団の募集と派遣であった》（清水、前掲書、五〇頁）。本部は、翌月の二月八日に五年生十五名を選び天理駅を後にして北支の戦場に向かわせている。さらに三月十一日、四月十三日、六月七日、八月十二日、十月九日と続く。《そして昭和十七年には南中国方面にも送ったが、合計十数回、総数二百数十名を戦地に送ったのである。》（清水、前掲書、五一頁）

「満州天理村」の建設もさることながら、愛国少年団による「満州」への派兵に関しても当時の「学徒動員」が日本各地でおこなわれたのに対し、天理教直下にある天理中学のみからの派兵であることは特筆すべきことである。

ここに、戦時一色、壮行の歌が残る。

《天理教の秘蔵息子たりし我が兄弟は大天理教を背負って、北支といふ活舞台の上で満月脚光を浴びて働かねばならぬ時が来たのだ。この名誉を重んぜよ。此の抱負を自覚せよ。盧溝橋畔に響いた銃声は、同時に東洋禍乱の口火ではなかったか。愛国心に燃え立った我々はこれから新時代の出現の為に必死の心を定めている。どんな苦難も、どんな痛手も我々の眼にはうつらぬ。唯凝視するのは人類の敵を此の地上より拂って皇道を世界に布く決意のみである。阻む何者も打ち砕いて進むのみである。（『養徳会誌』第四九号より）》（清水、前掲書、五二～五三頁）

一九四〇（昭和十五）年には、信者組織「一宇会」を発足させ、中国大陸侵略の一大スローガンとなる「東亜新秩序建設」に応えるかのように「天理教興亜局」を設置している。戦争末期には、此の「一宇会」はおよそ一万人を九州の炭鉱へ、ひのきしん隊として派遣している。

「ひのきしん」とは、前述したように天理教において親神への感謝を現す行為（日々の労働・奉仕）を意味する言葉である。ここで、「応法の道」という言葉に潜む神意は、日本国民の義務を果たす——極端に言えば、徴兵には抵抗せず従う——ことによって、天理教団は弾圧から逃れることができる、ということだ。もっと言えば、国家に背かない限りは信仰の自由は得られたのであるが、その一方で、いったん背いたとあらば、ただちに弾圧が始まりかねないという恐れを教団本部は常に抱えていた。

一九三八年になると、《ある衆議院議員が、天理教は国体に反しており、共産主義であるとして撲滅を政府に迫》（天理教表統領室特別委員会、前掲書、三六頁）り、天理教団自体の解体が国会で論じられるようになった。[12]

このような厳しい指弾の中で天理教団は「応法の道」を教団方針とし、それ以降、国家政策に協力的になった。その最も大きな協力が、国策に則った満州移民政策であった。

教団から見れば、これは大陸での布教活動であったが、国から見れば国策――帝国主義の拡大――に対する協力であった。

当時の日本は利益追求のため〝満州は我が国の生命線〟として満州国を建国し日中戦争へ、さらには〝南方資源は我が国の生命線〟として太平洋戦争へと突き進んでいった。天理教団は「五族協和」「王道楽土」を掲げた国家の移民政策に呼応し、これこそ「神意の実行（神のおぼしめし）」と国策への協力にのめり込んでいった。その結果、天理教の「神意の実行」は当時の宗教の象徴となったのである。

では、みきが発した「せかいいちれつ　みなきょうだい」という世界平和につながるスローガンのもと飛躍的な発展を遂げた宗教教団がなぜ、国の侵略行為に協力しなければならなかったのか。このことは当然、同じ時期に満州に「キリスト村」を建設した、キリスト教団もしかりである。

このような事実の流れを〝時代の風潮〟と片付ける論評は多い。だが、忘れてならないのは、天理教団にも徹底した〝人間の軽視〟が存在したことである。

明治国家は日清・日露の戦争を踏み台に西洋列強の仲間入りを果たし、経済、軍事の両面において著しい発展を遂げた。だが、それによってもたらされたのは、国家主義から帝国主義、さらには軍国主義に至る道だった。この間の天理教団は、教祖みきの素朴だが宗教的本質を表現する「教え」から離れた「明治教典」を作成し、それを後ろ盾に国家政策を支援していったのだ。

天理教は本来、「人助け」の宗教である。にもかかわらず教団は教祖の教えに背き、政府の厳しい弾圧の中で教団組織が生き残る術として「応法の道」、すなわち国策に殉じることを選んだ。

6　満州移民を決定

満州移民政策について、教団は、教内に向けては海外布教活動の機会であるという点を強調した。同時にこれこそ、天理教が国家に貢献できる姿勢を示すまたとない機会であると捉えた。政府の弾圧回避のための「応法の道」の実践として、満州天理村の建設を積極的に推進するに至ったといっても過言ではない。

それを立証する文言が残る。天理教青年会が一九三九年に発行した「荒木棟梁」の冒頭、当時の青年会会長・松村義孝の言葉だ（なお、荒木棟梁とは天理教の青年会会員を意味し、その使命は荒道を乗り越え布教することにあった）。

《今や、立教百年祭を経て道は一大刷新の途上にある。青年会としても本来の使命に基づき、会員各自が堅固なる信念を以って、洋々たる前途を迎えて新たなる第一歩を踏み出すべき秋《とき》ではある。翻って我が国の現状は如何。長期聖戦の一面に東亜新秩序の建設に断乎たる歩武を進めつつあり、根幹の国日本の使命はいやが上にも重きを加え、大陸に向かって進出すべき建国以来の華々しい而も重大なる時局に直面している。この旬に当たり我等道の青年に課せられる大神様の思召の程を自覚する時、その双肩の責務の愈々重且つ大なるを痛感する。神言に「皆若いものはしっかりはたらいてくれ。ただじつとしていては世界鮮やか花咲かす道はない」と仰せられている。世界あざやか花咲かすためには銘々にしっかり働かねばならぬ。銘々がその種となり、肥となるの覚悟と実行とが例外なしに会員の全部によって晴らされなければな

らぬ》（「荒木棟梁」天理教青年会一九三九年発行）

政府は農村における過剰人口の問題を打開するなどの目的で、満州事変後の一九三二年に試験移民を派遣した。しかし、先述したように満州で予想をはるかに超える困難な事態に直面したため、おおむね失敗という評価だった。

政府の次の計画は「分村移民」だった。一つの町村ごとに〝適正規模〟の農家数を確定し、〝過剰〟農家は満州やモンゴルに送り出すという拓務・農林両省による移民事業である。実際に始動したのは一九三八年で、翌年に初めて満蒙開拓団として送り込まれたのが、長野県の大日方村であった。

このころの長野県下の村々は度重なる不況の波に抗えず、財政は逼迫していた。大日方村はその典型で、村ぐるみで破産、農林省の「経済更生村」として指定されていた。[13] 国策に抗えない状況の中、大日方村は村を二分する分村計画を決定し、「満州大日方村」の建設によって村を再生しようと希望を託した。

そうした中で、政府が出した国策にいち早く乗り「家族移民」開拓団を結成したのが天理教教団で、貧農にあえぐ長野県の天理教青年会が中心となって開拓団結成の準備が進められていった。

天理教の青年会が設立されたのは一九一九年のことである。それまでの教団は、若者たちの意見に耳を傾けることがほとんどなかった。だが、時代の動きや世相には敏感な若者の中には、教内の矛盾に批判の声を上げる者、信仰に絶望する者も出るようになった。そうしたなかで、若者たちに活動の場を与えようと青年会が設立された。だが、この年の日本は、富山県に始まる米騒動が都市部にも広がりをみせ、天理教教会本部（以下教会本部）からも近い大阪などでも騒ぎが繰り広げられていた。大正デモクラシーによる民主主義や社会主義運動が復活の兆しを見せていたのもこのころであり、そうした世相も反映したことであろう。天理教を信仰する青年たちは時代に抗うかのように教団の方針に疑問を抱き、新鮮な息吹を期待した。

さて、その天理教長野県青年会は、天理教信者として独自の開拓団を結成したいと考えていた。政府の分村計画が発表された後もそれは変わらなかった。一九三二年《三月一日、長野縣上諏訪町諏訪支教會に於て理生會長野縣支會創立十周年記念講演會が開催されるや、その席上龜田亮二氏は新滿洲國に里生村の建設を提唱して本教の海外進出に對する氣分を煽つて一同の共鳴を博した》（天理教生琉里教会編『天理村十年史』天理時報社、一九四四年、四〇頁）とあるように、長野県人が満蒙開拓に積極的だったことが見て取れる。

教会本部も、《今まで如何にその必要が叫ばれても、遂に成功を見なかつた滿洲移民が、より高度の必要性から、國家の遠大な計畫の下、着々と實現の歩を進めた。（中略）かうした中に本教人の滿洲關心も他に劣るものではな》（天理教生琉里教会編、前掲書、三九頁）く、満州への移民計画の第一歩として、貧困ゆえに将来性の乏しい長野県や東北地方一帯を中心に、開拓団を募っていた。全国の天理教青年会に満蒙開拓団への参加を呼びかけたが、参加者は同県出身者が群を抜いていた。さらなる開拓団として「家族移民」も募った。

信者たちの手で村を作り、農業に従事しながら布教の道を開く――こうしてでき上がった構想が、「満州天理村」である。教団本部は一九三二年八月三日、青年会満州視察団を派遣するとともに、実に敏速に準備を進め、満州移民計画の実現の第一歩を着々と踏み出していった。

以下、『天理村十年史』によりその経緯を振り返ってみる。ここには、天理教の「当初の移民計画の失敗」と「移民再願計画」に対する、関東軍及び東亜勧業の深い関与と、天理教と関東軍との間の強い協調関係が見て取れる。

７　関東軍の関与――計画中断から土地の分譲へ

青年会満州視察団派遣の結果を受け、十月二十七日の第十四回青年会総会で満州開拓団の実現を決定した。[14]

さらに十二月十二日には、ハルビン市から二キロ東方を流れる阿什河《アシホ》の左岸を《まづ滿洲で最良の地》として選定した。松花江の支流で、肥沃な土地である。《駐哈第十師團長を始め特務機關、憲兵隊、在哈各機關は、双手を擧げて賛同、本質的の移民は天理教のみよくなし得る所と信ずる故全幅の支援を惜しまず。關東軍司令部にても大いに賛同》（天理教生琉里教会編、前掲書、四三〜四四頁）と、極めて迅速に移民計画は進捗した。

翌一九三三年二月二十八日には「土地買収假契約」、四月十六日には「土地商租許可願」と順調に進んだにみえた。しかし、前年に起きた満州事変によって各地の難民がハルビンに押し寄せ、満洲人や朝鮮人が阿什河左岸に収容された。しかし、彼らのうちの有力な団体や個人は、その地でさっそく農業を営み、利権を争うようになった。[15]教団にとってこうした事情は、満州開拓団実現のための足かせになった。[16]さらに、開拓団を移住させるはずの予定地は、実は事前調査が完遂していなかったことが明らかになり、報告内容とは明らかに異なることがわかった。こうして、関東軍からは「いったん手を引け」と言われる始末だった。[17]このような事態に至り、移民事業そのものを見直すべきだという者も出てきた。[18]

しかし、いったんは手を引くことになったが、本部および現地駐在教団員の意志は変わらなかった。[19]また、満州現地でも、関東軍の間に天理教の移民事業への理解が深まり、その実現に向けて土地の買収など配慮がなされるようになった。[20]こうして再度、移民事業が展開されることになったのである。

第十五回青年会総会（一九三三年十月二十七日）では「移民再願計画」が可決され、十一月十六日付で関東軍司令部（参謀長小磯國昭）宛に「阿什河右岸移民計畫願」を提出した。その主要な計画は、次の通りだ。

①ハルビン近郊の関東軍買収地の譲り受け地またはその付近で一千町歩を買収し、関東軍の移民計画の趣旨を尊重して行うこと（関東軍買収地の分譲依頼）

②移民の資格　（イ）天理教青年会員でありその授訓者、（ロ）なるべく在郷軍人である者、（ハ）年齢満二十六歳以上満三十五歳以下で尋常小学校卒業以上の者、（ニ）志操信仰堅実で身体強健、困苦に耐えうる配偶者を有する者（家族移民）

翌一九三四年一月十六日付で、教会本部は小磯参謀長より一千町歩の分譲許可（「移民計画許可指令」）を得た。分譲地は関東軍が指定する地域であることも同意した。[21]

以上の経緯を経て、関東軍からの分譲とその開拓地区が同年四月十四日に決定した。ハルビンからは約一五キロほど離れている。その後も軍当局との折衝を重ね、天理村の境界線が最終的に確定された。

こうしてみてくると、満州天理村建設の準備段階から終戦間際まで、一貫して関東軍が介在していた事実がうかがえる。それを裏付ける、次のような資料もある。

《一宗教團體が集合移民を入れ自力でこれを經營して行かうといふのであるから、その成否は特に注目された。若しこの移民にして不成功に終るやうなことがあれば、實に將來の移民國策に影響するところ大なるものがあるので、關東軍特務部を始め、駐哈〔筆者注・哈爾濱《ハルビン》駐在〕日滿各關係機關は勿論、阿城縣當局に於ても絶大の支援をよせ、特にその建設には、多年滿洲にあつて農場經營の權威者たる東亞勸業株式會社が、その薀蓄を傾けて當ることになつた》（天理教生琉里教会編、前掲書、九六頁）

さらに、天理村の起工式には関東軍特務機関林田数馬が、九月の棟上げ式には林田とともに憲兵隊までが出席した。日本政府、満州国、関東軍が注目する教団あげての一大事業はこうして始まっていったことがわかる。なお、教団が関東軍から分譲され第一次開拓団が入植した区域は、一九三三年から翌年にかけて東亜勧業が買収を始め、満州拓殖公社（満拓）がそれを完了させた土地であった。その立地条件はきわめて悪く、決して農耕に適した土地とはいえなかった。

国内では、青年会によって第一次移民が北海道から九州まで幅広い地域から集められた。四十三家族、総勢二百五名の大所帯である。彼らは地域ごとに分けられ、それぞれ出身の教会詰所（宿泊所）に投宿した。八つの班に編成され、その後は班ごとで行動した。

戦後、教団が発行した冊子の中に、「天理村」に関する次のような記述がある。

《昭和七年、青年会が推進した「満州天理村」の建設は、ここの布教師によった布教伝道、あるいは教会による布教伝道とは少し趣が異なる。というのは、この満州への布教は天理教青年会が主となっての布教計画であったからである。けれども、それは決して政府の移民政策そのままに乗る形ではなく、あくまで布教を目的とした独自の計画であった》（天理教表統領室特別委員会編、前掲書、一六二頁）。

第一次開拓団を受け入れる満州側では、移民計画の準備段階がほぼ完了していた。移民家族のための住居や小学校、診療所も完成し、開拓団の到着を待つばかりだった。

天理村の中心には教会が建てられ、農地や住居、医療、さらには学校に至るまで、すでに決まったうえでの渡満であるということで、新聞各紙は賞賛の嵐だった。世間も驚きの声を上げた。教団内も活気に満ち、天理教団は、自分たちが送る開拓団は家族移民であり、その移住計画は布教を目的とするものと強調した。信者たちも満州の大地での布教に夢を抱き、希望を見いだしていた。信者たちの志は、先に述べた入植前から不安を抱いていたキリスト者とは大きく相違していた。ともに宗教教団としての渡満であったが、キリスト村が宗教移民としての姿勢が色濃かったのとは対象的に、当時、破竹の勢いで布教を拡大していた天理教団主催による満州天理村は家族移民としての色彩が色濃く映し出されていたのである。

だが、関東軍の関与が暗示しているように、教団の満州への移民事業は純粋に布教と開拓だけを了解したものではなかった。同様に戦後に出版された『天理教青年会史』満州移民の意義の項には、次のように書かれている。

《満州建国後の移民は、より緊迫した軍事的政治的必要性から、重要な国策の一つとして一層強力に推進されることになった。つまり、それは日満両国の国防強化という軍事的使命のみならず、五族協和の先達、民族協和の中核的分子として、日満一体化を図るという政治的使命をも帯びていた》(山澤廣昭『天理教青年会史——第四巻』、天理教青年会本部、昭和六十一年八月二十六日発行、八六頁)

教団の移民政策は、布教目的のみに焦点を当てようとしながらも、《より緊迫した軍事的政治的必要性》によって、あえて青年会に推進させた側面もあろう。たとえ貧困からの脱却が背景にあったとはいえ、武装移民としての本質も色濃く出ていた。(22)

このような教団本部の姿勢を知らされないまま渡満し、未開墾地の農作業と布教に励んだ信者たちも多くいたことは確かであろう。また、天理村の人々が周辺の現地人に施した好意はあまた聞かれる。自分たちは武装移民ではなかったと言い切る人々も多い。だが、彼らがいかにそのように認識しても、それは違う話である。後述するが、彼らは関東軍の演習を受け入れ、兵士たちを信者の家に泊めている。そして、村人たちは明らかに軍事訓練を受けたのだ。ここに、武装移民としての決定的な要素がある。

幾多の難題を克服し一九三四年十一月四日、天理教団は最初の開拓団を満州に送り込んだ。期待を胸に、ようやく北満の開拓地にたどり着いた信者たちを待ち受けていたのは過酷な現実であった。それから十年後、開拓地は一つの村をなし、七十一部落を形成するまでになった。村のまわりは城壁のような門（ゲート）で固められ、教会や学校、診療所、配給所など日常生活に不可欠な施設や、農業に関係する工場まで建てられた。厳しい状況のもとで、初期の開拓者たちは教祖の教えを胸に布教と開拓に励んだ。

だが、それから八年後の状況をそのときの彼らが知る由もなかったし、ましてや観察する余裕もなかった。そして、最初の開拓団を送り出して以後の天理教本部は、紛れもなく国策遂行に教団をあげて協力し、軍国主義の途を共に驀進していったのである。(23)

注

（1）《みきは一八六六年に『みかぐらうた』の制作に入り、神楽のてぶりや鳴り物の稽古をはじめ、「つとめ」の形体を定めた。一八六九年一月からは『おふでさき』の執筆を始め、信仰の形態を整えようとした。『おふでさき』によって天理教の教義を体系化していった向きもあるが、親神の教えを忘れてはならぬよう筆に記したともいわれている。親神の「筆、筆、筆をとれ」との声のまにまに筆をとられると、日中はもちろん、暗闇の夜中でも、自然に筆が走り、親神の思召しを誌《しる》し終わると、ぴたりと筆がとまったという》（野村秋人『天理教祖こそ救世主』善本社、一九八五年、九五頁）。みきが書いた「おふでさき」は第一号から第十七号まであり、千七百十一首が残されている。なお、天理教の原典は「おふでさき」「みかぐらうた」「おさしづ」の三書である。

（2）《吉田家の公許によって外部からの妨害は一応影を潜めたが、その翌年には明治維新を迎え、既存の権威がことごとく失墜していく中で、明治三年、吉田神祇管領も廃止となり、教団は明治政府のもとでさらに厳しい局面に対処することとなった》（石崎、前掲書、一四五頁）。

（3）《高山の説教とは、明治国家形成期におけるナショナリズムの精神的支柱として、新政府が強力に指導した教導職制度による神道的国民教化の説教にほかならない》（石崎、前掲書、一九〇頁）。

（4）『おふでさき』の中に、親神自身のことを「神」「月日」「をや」と表現している。

（5）一八六六年五月七日、現天理市で眞之亮は生まれた。誕生したとき、みきは娘であり彼の実母である梶本おはるに、「しんばしらの眞之亮やで」と語ったことが真柱の始まりと言われている。みきの長男秀司死去の後、眞之亮は二十二歳で中山家の戸主となり、跡目を継いだ。

（6）しかしながら実際は、戦前戦中の間は神道の呼び名である「管長」と訂正された。真柱と呼ばれるようになったのは戦後のことである。

（7）伊藤博文著『帝国憲法義解』（国家学会一八八九年四月）による第一章天皇一条・二条・三条・四条についての古典（「古事記」・「日本書紀」等）を淵源とする解説（伊藤博文著宮沢俊義校註「憲法義解」岩波書店一九四十年四月十五日発行）。

（8）一八九六年四月六日、内務省内務大臣・芳川顕正より天理教団に秘密訓令が下った。その内容は、次の通りである。

《近来天理教の信徒を一堂に集め、男女混交ややもすればすなわち風俗を乱れるの所為に出で、或いは神水神符を付与して愚昧を狂惑し、遂に医薬を廃せしめ、もしくはみだりに寄付を為さしむる等、その弊害漸次蔓延の傾向有り、これを今日に制圧するは最も必要の事に候条、将来は一層警察の視察を厳密にし、時宜に依っては公然会場に臨み、もしくは陰密の手段を以て非行を抉摘し、その刑法警察令に触れるものは直ちに相当の処分をなし、又そのしからざるものは、必要によりては祈祷説教を差し止め、もしくは制限する等臨機適宜の方法を用いて、その取締りを厳重にして、殊に金銭募集の方法については最も注意を周密にし、且つその状況は時々報告すべし。なお、神仏各宗派にして禁厭祈祷、風紀並びに寄付金に関し天理教会に譲らざる弊害あるものも可有り。これまた同様の取締りを為すべし。》（青地晨『天理教』弘文堂新社、昭和四十三年七月再販、二〇九〜二一〇頁）

憲法によって信教の自由はあるはずだが、制限つきの「自由」でしかなかったことが、このことからも明白である。

（9）笠原も《応募者は十日余りの間に二千七百余名になったが、このなかから五百人を選んで夫役使用志願の準備を進め、明治二十七年八月十二日、政府に申請することとなった》（笠原一男『転換期の宗教』NHKブックス、一九六六年、二二四頁）と書いている。

（10）《毎月一回戦勝祈願の祭りをおこなうことを指示し、「戦時ニ於ケル帝国臣民ノ心得書」を発行するなど、教団をあげて戦争に協力、政府の心証を良くすることに努めている。また天皇の大和行幸に際しては、教師五千名を全国から招集して駅頭に整列させた。これは明治教典の「尊皇章」を、教団あげての行動として実践して見せたものだといってよい》（青地、前掲書、二一九頁）。

（11）現在の教会本部はこの「ぢば」を中心に建てられ、信者たちはこの場を「おぢば」と呼び、この地を訪れることは〝故郷に帰ること〟であるとして、「おぢばがえり」という。また、各教会の神殿には天理王命の象徴として（ご）神鏡《しんきょう》を、教祖の象徴として御幣《ごへい》が祀《まつ》られている。信者の各家庭では「神実《かんざね》」という小さな神鏡を祀る風習がある。

（12）《七十五回帝國議會、衆議院決算委員會（昭和十五年三月十六日）一昨年以来私は邪教天理教撲滅すべしと云ふことを質問致して居るのでありますが是は長いこと問題になって居るのでありますから天理教に付いては相當内務當局も今日まで御調査をなされたこと、思ふのであります。私共はひとの道であるとか、大本教と云ふやうな大逆不敬を重ねました邪教が断乎たる当局に依って解散の余儀なきに至ったことは、是は当然のことであると思ふけれどもひとの道、大本教などに比べてより以上と目せらるる邪教の天理教が何故に今日まで何等の処分を受けて居らないかについては、私は全く諒解に苦しむのです》（天理教表統領室特別委員会『世界たすけへ更なる歩みを――「復元」五十年にあたって』天理教道友社、一九九五年、一二九頁）。

（13）《滞納で動きとれず・吏員総辞職す・大日方役場に兵事係唯一人・村長出県し支持仰ぐ》（信濃毎日新聞一九三四年十月六日付）という記事もある。

（14）《満州移民事業の決行を發表することになり、これを當日、會員に發表するや、全會員は熱誠な賛意を示し「今こそ御國の為に大いにやるべし」と御國に殉ずる赤誠を示してこれが實現達成を誓ったのである》（天理教生琉里教会編『天理村十年史』天理時報社、一九四四年、四三頁）。

（15）天理教生琉里教会編、前掲書、四九頁。

（16）《既に満人、鮮人の入植者があり、これらを綜合し經營して行かねばならぬ土地の複雑性を示してゐる。この複雑性が次に一大暗礁へ乗り上げる結果とな》った（天理教生琉里教会編、前掲書、四七頁）。

（17）《豫定地は實地踏査が不確實であつたため、視察者の前記報告とは相違して（中略）遂に六月二十八日關東軍移民部長梅谷光貞氏より正式に「一旦手を引け」と、（中略）移民計畫中止を指示された》（天理教生琉里教会編、前掲書、五〇～五一頁）。
(18)《中には「そんなことをやるからこんなぶざまな結果になるのだ」と、それ見たかといはんばかりの者も現れて、移民事業一切の中止説を説へる程であつた》（天理教生琉里教会編、前掲書、五六頁）。
(19)《最初の計畫が失敗したからとて、これで青年會の移民事業を全面的に中止することとは内外共に遺憾とするところであつた。「なんでも、どうでも、さらに計畫を立て直すべし」といふ意見が教内に漲つて来た。（中略）管長様のご意志も（中略）この國家的大業を本教の手で完遂せしめたいといふ御意志のやうであつた》（天理教生琉里教会編、前掲書、五九頁）。
(20)《これを機會に、軍官民の間に本敎の移民事業に對する熱意が諒解され、その好意ある支援の手が差しのべられる好結果となつた。（中略）このうち特に軍移民部山田金吾氏は「軍へ提出する願書は全責任を持つから安心してやれ」と鞭撻、又東亞勸業の花井専務は「阿什河の左右兩岸地區に亙つて一萬町歩を軍の命により買収中であるから一緒に買つて上げてもよい。又その一部を分讓して貰つたらよい」と好意ある申出を行つた》（天理教生琉里教会編、前掲書、六一頁）。
(21)教団は、《一旦中止を命ぜられたにも拘らず、破格の取扱ひによつて再び阿什河畔に移民地の取得を許されたのであるから、この際地區の選り好みはせず、一切を軍の命に従つた方がよいといふことになり、分讓地域指示に関する願書》（天理教生琉里教会編、前掲書、七五頁）を提出した。
(22)国策に従うかのような教団本部の次のような認識も、記録にある。《かくて昭和七年秋には、早くも第一次開拓団が入植、とくに昭和十年、第四次開拓団までの四ケ年を、いわゆる武装移民、試験移民時代と呼んだ。すなわち、建国後なお日も浅く、治安不良で、匪賊の跳梁に備え武装しなければならなかったからである》（山澤廣昭『天理教青年会史―第四巻』、天理教青年会本部、昭和六十一年八月二十六日発行、八六頁）
(23)《われ〳〵は滿洲移民の初期から、その雛形として天理村を建設、今日十年の歴史を顧るとき決して生易しいものではなかつたことを知るが、なほ將來においても幾多の困難があることを覺悟せねばならぬ。然し荒木棟梁の信仰信念は、如何なることをも征服して國策に殉ずるにある。われ〳〵は愈よ所期の目的達成に務め、天理村をして一大發展擴充、王道樂土の地たらしめねばならぬのである》（天理教生琉里教会編、前掲書、一七頁）

第3章　いざ満州へ——風間博の回想による満州「天理村」の実相

渡満後、農作業中の風間一家

満州天理村生琉里開拓団第 7 班　1934（昭和 9）年 11 月入植直後

１　「本日、敗戦から七十年」

天理教教祖中山みきは「ひとはいちれつ　みなきょうだい」と説いた。しかし、明治以来の重なる迫害を乗り越え一派独立が認められて後の天理教団は、拡大し組織化されるにつれてみきの志から離れ、国家忠誠の道を歩んだ。その忠誠とは、西洋列強に並ぶ一国としてアジアを侵略し、最後は西洋列強を相手にする戦争への道に突き進む国策に加担していくことであった。

満州天理村が、青年会によって編成されたことは第二章で述べた。一九三二年十月二十七日、第十四回青年会総会において、松村吉太郎の訓話がある。一派独立の際、真柱の厳命を受け奔走した松村は、信心深く血気盛んな若者たちを前に次のように檄を飛ばした。

《このような時に、海外発展をめざす青年会が、もっとも手近かな満洲に志したことは、国家の情勢からしても当然で決して無謀な企てではない。ことに、徒手空拳をもって巨利を得ようとする徒輩の横行する今日、真に国家を思い、道を思う信念のもとに、犠牲的精神に甘んずる青年会の行動は誇るべきことであり、いやしくとも日本男児たるものを、こぞってこの壮挙に参加せしむべきである》と、げきをとばし《最後には全日本男子を青年会たらしむべく、一人宛千人の会員を獲得してもらいたいと訴え》しめくくった。（山澤廣昭『天理教青年会史　第四巻』天理教青年会本部、昭和六十一年八月発行、九四頁）

また、敗戦後満州天理村からの引き揚げ者が中心となって開拓した伊賀の地に建てられた教会長が、この時の訓話を次のように書き残している。

《我々は満州移民の初期から、そのひな形として天理村を建設、今日十年の歴史を語るとき決して生易しいものではなかったことを知るが、なほ、将来においても幾多の困難があることを覚悟せねばならぬ。然し荒木棟梁の信仰信念は、いかなることをも征服して国策に殉ずるにある。我々はいよいよ所期の目的達成に努め、天理村をして一大発展拡充、王道楽土の地たらしめねばならぬのである》

（天理教生琉里教会編『天理村十年史』天理時報社、一九四四年、一七頁）

青年会の募集に応じて満州に渡った一人に、本章で紹介する風間博がいた。

二〇一六年が明けて間もないころ、筆者は風間博の家を訪れた。このとき風間は一冊のノートを真っ先に取り出した。ノートはセピア色にあせ、余白のあちこちに走り書きのメモがあった。表紙にはマジックペンで《本日、敗戦から七十年》と書かれてあった。前年の八月十五日の朝、風間が記したものだ。

風間は紙と鉛筆があると、子どものころから何かしら書いていた。癖というわけではないが、書かずにはいられない性分だろう――風間はそう思っていた。それがある日、いつものようにメモ書きをしようとすると、突然目に異常を感じた。左の目から視界が消えていた。左目の失明の危機に怯える間もなく、次は右目に同じ症状が現れた。慌てて病院に行き、かろうじて右の視力だけは残すことができた。だが、それもぼんやりしたかすかな視力でしかない。

呆然自失の日々がしばらく続いたが、風間の様子を案じた娘の一人が上等な虫眼鏡を買ってくれた。それを機に自らを励まし、虫眼鏡の生活に少しでも慣れようと、古いノートを読み返すことにした。満州から引き揚げてきたころの記憶が薄れてはならない――そう思い、長年気張って書き込んだものだ。ノートを開いて虫眼鏡を当てた。文字がかすみ、うまく見ることができない。しかし徐々に慣れ、字画がきれいに見えるようになった。

明確になったのはそれだけではなかった。七十年以上も前の日々が、ぐるぐると風間の頭の中を駆け巡った。視力低下への苛立ちは次第に収まっていった。

虫眼鏡が運んでくれる大小混じった文字は、いつの間にか風間を、はるかな昔に過ごした北満の日々へと誘《いざな》った。苦しかった記憶に、ある時は胸を押しつぶされるように打ちのめされ、またある時にはこみ上げて来る懐かしさに浸った。

だが、最後に行き着く思いはいつも同じだった。「侵略の片棒を担いでいたんや」――そう思うと、またペンをとりたくてたまらなかった。この目ではそれもままならない。風間は自分が情けなく、涙が頬を伝った。

《本日、敗戦から七十年》――この日、風間の力と感覚で書きうるすべてだった。涙を拳で拭った。敗戦からずっと、風間はかつて皇国少年だった自分自身を責め続けてきた。

その日の夜、風間は眠ることができなかった。布団の中で八十年以上も前の光景が走馬灯のように次々と脳裏を駆け抜けていった。どれもこれも腹立たしいほどの重い記憶であり、その過酷な時代を背負いながら過ごしてきたこれまでの人生を思い、涙した。

風間も当初は、開拓村が日本の中国侵略という役割の一端を担っていたとは考えもしなかった。満州天理村という開拓団の存在も、敗戦によっていとも簡単に消え去るなどとは思いもよらなかった。だが、戦後になって満州から引き揚げた後、ようやく風間は〝気づいた〟――自分たちの天理教団が、大日本帝国の侵略政策に加担していたことを。

ノートを前にして感情を高ぶらせていた風間に渡満前の記憶を問うと、徐々に落ち着きを取り戻した。そして、淡々とした口調で幼い日の記憶を語り始めた。

小学校に上がって間もないころ、家の前にこれまで見たこともない黒塗りの車が止まった。今でいうリムジンのような大きな車だった。ドアが開き、一人の男が降りてきた。後で知ったが、青年会が任命した満州天理村村長の橋本正治だ。

両親は橋本に息子を紹介しようとしたが、風間は知らない人の前に出るのが恥ずかしく、逃げ回った。

「これくらい元気な坊なら、満州に行っても大丈夫だ」

橋本は大声で笑った。彼は開拓団の候補者として選ばれた家々を一軒ずつ回り、最終面談をしていたのである。

その年の秋、運動会が終わると、風間は小学校を辞めて家族とともに奈良に移った。両親は風間やその弟妹を考慮してか、喜多方から北陸を経由する旅程を組んだ。

北陸では初めて目にした日本海に風間ははしゃぎ回った。海の上に漁火が一晩中浮かんでいた。福島の山間で育った風間にとって、生涯忘れられない光景だった。子どもにとって天理は遠く、長い車中、興奮しきりの息子に両親は閉口している様子だった。

奈良に入るとすぐ、一家は教会本部に向かった。開拓団に選ばれた家庭の親は本部で一ヵ月間の講義を受ける——これが、満州へ渡る第一の条件だった。両親から離れた風間は、神殿の周囲や街中を駆け巡った。何事にも興味を示し、利発でわんぱくな子どもだった。

一九三四年一月十六日、政府は教団に、正式に移民計画の許可を出した。教会本部は直ちに関係者を渡満させ、二月十二日には入植予定地に天理村建設事務所を開設、十六日には日本軍警備兵に護られながら現地調査を行った。そして《三月九日には移民地を城子屯付近とすること、四月十四日には接譲地との境界線の決定が、それぞれ関東軍特務部より許可され》（山澤、前掲書、一〇四頁）、村の建設は東亜勧業に依頼した。

天理村の建設に当たり、《まず考えられたことは、村の中央に煉瓦造りの教会堂を立て、これを移民の精神の拠り所、道場、集会所とすることであった。次に、家族移民に必要な小学校、それに診療所や派出所等、すべて煉瓦造りの立派な公共施設を整えることであった。これらは荒涼たる異郷の、匪賊に囲繞《いじょう》される中にあって、内地におけると同様に平和な生活を楽しむための必須の条件であった》（山澤、前掲書、一一一頁）し、そうした施設は、満州人にも開放されたという。だが、風間はきっぱりと否定した。

「とんでもない！　入り口を村の土壁の方に向かってつけて満州人がいつでも入れるようにしたと言うが、そんなのは嘘！」

天理村の周囲は鉄条網がはり巡らされていた。村の東西には頑強な城塞並みの大門が建設され、警備が常駐していた。満州人が自由に出入りできる環境ではなかった、と。

天理村の建設工事は一挙に進み、入植地の中心には教会が建てられ、村は生琉里《ふるさと》と名付けられた。村を瑠璃のように美しい故郷《ふるさと》にしたいとの願いを込めて、真柱の中山正善が名付けたといわれる。教団本部は満州の地を、教祖の教えの実践の場、「神意の実行」と捉えた。さらに、小学校や診療所、そして移民団の家族のための住居も次々に完成。満州天理村移民計画のための準備はほぼ完了、あとは開拓団の到着を待つばかり――これが、渡満前に聴かされていた内容だった。

当時の日本は農村部の貧困問題解決のため、政府や報道機関が一丸となって満州移民の夢を語り、民衆に希望を与えていた。そのようななか、長野県の青年会が中心となっていち早く家族移民を結成した天理教団に、社会は驚きの声を上げた。〝すでに農地は決まり、住居も医療もさらには学校まで〟と新聞は賞賛した。日本政府も満州国も、関東軍までもが注目する教団あげての一大事業がいよいよ始まった。

一九三四年十一月四日の夜明け前、一行は奈良県の天理教本部を出て丹波市駅から神戸に向かった。朝には、風間は神戸港に停泊する「アメリカ丸」の船上にいた。今まさに錨が上がろうとする正午過ぎには、数かぎりない大旗・小旗が岸壁に林立していた。四十三家族総勢二百四名の渡満を祝う歓送者たちで港は埋め尽くされていた。港は旗印と法被の背にある「天理教」という文字であふれかえっていた、と風間は回顧した。歓送の人々を前に、風間は甲板で誇らしげに胸を張った。天理教という教団、さらには「親神様」の偉大さを肌で感じた。

約六千人の歓送者に見送られ出航した船は、瀬戸内海、黄海を経て大連に向かった。大連からは満鉄線に乗り、ハルビン東の小さな三棵樹《さんかじゅ》駅（北緯四五度近辺に位置し、日本でいえば北海道最北の宗谷地区に当たる）に到着したのは十一月九日正午前のことであった。《駅には森島総領事をはじめ各関係者が出迎えていた》（山澤、前掲書、一二四～一二五頁）という。

その後、一行は引っ越し荷物とともにトラックで天理村へと移送された。そのときに彼らを驚かせたのは、匪賊の襲撃に備え荷台に銃を持った数名の警備員が警護として同乗したことだ。

六十台を超えるトラックの先頭の一台に「天理村」と書かれているのを見て、人々はこのトラックを「天理号」と呼んだ。三棵樹からの道のりは舗装どころか砂利すら敷かれていないでこぼこの泥道が続き、トラックの荷台で風間の体も揺れに揺れた。

土煙を上げてトラックは畑の中を進んだが、後続車は土煙にまみれ視界さえ危うかった。溝にはまりそうになり、動きが取れないトラックが続出した。いまここで匪賊が襲ってきたら……とみんな緊張の連続であったが、なんとか無事に目的の開拓地に到着した。〝農耕と布教活動の一体化〟を夢見た天理教団の、満州移民計画の第一歩の始まりである。

２　満州天理村「生琉里《ふるさと》」の誕生

信者たちが降り立ったのは生琉里だった。しかし、真柱が理想としてつけた名前とは裏腹に、初めて見る満州の大地を前に人々は愕然とした。渡満前に受けていた説明とは大きくかけ離れていたからだ。「農業に従事しながら布教の道を開く」という夢が、足下から崩れ落ちていくようだった。

十一月初旬とはいえ満州の地はすでに冬、一面の雪景色であった。人々は寒さと不安と混乱で立ちすくんだが、すぐに割り当てられた家屋へと急かされた。しかしそこは、「家」とは名ばかりの土作りの粗末な建物であった。《家は土壁に草葺屋根で、その壁には隙間風を防ぐために新聞紙を貼り、寝《やす》むところは符篖《アンペラ》の上ですし、二三、三坪ある家ではありますが、立派な家を造って莫大な貸付金を負わせられるよりも、たとえ貧弱でも五、六年もすれば自分の思うように建て替えをし、その借金高を少しでも減らしてやろうという当事者（指導者?）の思いやりから、五百余りで建てたものです。ですから、満州に相当な期待を抱いてきた人たちに喜ばれるはずがありません》（「あらきとうりょう」天理教青年会、一九三九年二月一日発行）

日本で極貧の生活を強いられていた人々も開拓団の中にいて、彼らは自分たちの家が持てたこと自体を喜んだが、それでも寒さをしのぐのはオンドルしかなかった。

開拓団員は、村の施設は完了していると聞かされていた。しかし実際は、馬賊らの度重なる襲撃で建設が遅れ、中途半端なまま移民家族を迎えたことが判明した。家の中も湿っぽかった。言葉も通じない。気候風土は説明された以上に厳しい。馬賊の襲撃もある。到着後は用意された快適な家屋に速やかに入れるものと期待していたのに、この現実である。そのうえ、村周辺は馬賊のみならず、抗日ゲリラである匪賊たちの巣窟――騙された、と憤る者もいた。

到着した移民家族の世話をするため、各家では近隣の満州人たちがオンドルのかまどに火を起こしてくれていた。それでも、満州人を初めて見た移民の子どもたちは怯えた。

身の危険も迫る状況のもと、日本軍への協力要請は当然の選択だった。天理村の周辺は常に関東軍が警備し、襲撃を受けたときには軍は徹底した討伐を開始した。このとき、天理村の人々も小銃や実弾を手に、討伐に参加しなければならなかった。

その一方で信者たちを特に悩ませたのは、関東軍の依頼によって村の警備を満州人にも当たらせていたことだ。幼い風間は、満州人が匪賊から自分たちを守ってくれていると考えていた。しかし、天理村の大人たちは、《いつこれらの者が、寝返りうつかわからぬという、頭の芯までしみこんでいる不安があった》（山澤、前掲書、一二五頁）。初めてこの地に到着したときの満州人たちの怒りに満ちた目を大人たちは知っていた。それが頭から離れず、いつか反乱が起きるかもしれないと常に恐怖を感じていた。入植した土地をどのような経緯で教団は手に入れたのか、信者たちは知らなかったのだ。

しかし、匪賊の襲撃はもとはといえば、日本の植民地政策に対する反発だった。天理村建設のため、当初は本部が直接土地を買い取ろうとしたが、交渉は難航した。そこで本部は、各開拓団のために関東軍の指示のもと、東亜勧業に土地買収を依頼した。東亜勧業は土地の確保を実現したが、多くの満州人家族たちを犠牲にして初めてそれが可能だったのだ。四百戸近い天理村移民たちのために、満州人が受け取った金銭はわずか五十円。貨幣価値を考えても、また当時の相場としても、決して多いものではなかった。また、東亜勧業は代わりの土地を与え手付金も払うと約束しながら履行しなかった。東亜勧業はこのような無謀なやり方で満州人たちを苦しめたのだ。天理村の土地は満州人から奪い取ったも同然であった。

「教団が買った土地には七十近い集落が点在していたんや。村を流れる川が氾濫することがようあって、そんな時は、満州人の村はもう水浸しになる。自分たちの村はそんなことはなかった。自分たちは一番いいとこを取ったんやから。畑も一緒や。自分たちが追い出した満州人を、小作人のように扱うんやから……」

日本の農村の社会構造そのままだった――風間はそう憤慨した。すべてが日本人優先で、国や教団が唱える「五族協和」とは程遠いものでしかなかった。

風間の父が渡満を決意したのは、故郷には耕作に適した農地がほとんどなかったからだ。「野良犬にぶつける土さえもないところだった」と振り返っていたという。将来の見えない貧しい福島での生活に終止符を打つには、風間の父にとって渡満という選択肢しかなかったのだろう。

当時、満州では十町歩（一〇ヘクタール）の土地が与えられると教団は説明していた。風間の母親はもともと天理教の信者で、開拓の話を聞いた父は子どもたちとともに天理教に入信し、満州の地に来たのである。他の第一次移民の多くも風間一家と同様だった。希望に燃え、開拓と信仰を純粋に夢見たのだ。

厳しい状況下で、移民たちは強い信仰心で結束するほかなかった。開拓に勤しみ、日々精進とつとめることで不安を乗り越えようと努力した。移民たちのこうした真面目で謙虚な姿は、やがて近隣の満州人たちの警戒心を解くことにつながり、交流が生まれるようになった。村の建設も引き続き進められ、次第に区画が整理されていった。

十二月一日夜七時、村人が一同に集合して鎮座祭が執り行われた。翌日にはハルビンから《軍官民六十名の来賓を乗せた二十二台の自動車が長蛇の列をなして到着、午前十一時から橋本正治会長祭主のもとに、晴れの奉告祭が執り行われた》（山澤、前掲書、一二五頁）。建設を請け負った吉川組総代、関東軍司令官代理、在ハルビン日本総領事、東亜勧業総代、県公署総代、ハルビン小学校長総代なども顔をそろえた。同月五日には天理村尋常小学校が開校し、風間は一年生クラスに編入された。

翌年一月十日、かねてより出願中の武器貸与が許可され、翌日には一軒に銃一丁、弾薬五十発が交付された。かねてより《不安の種ともなった満州国軍警備隊も、一月二十九日その引き揚げをみるにいたり、その後は、領事館より派遣された日本人警察官二名》（山澤、前掲書、一二八頁）が新たに配属され、村人と共に自警するようになる。

銃が配られると、関東軍の指導による演習が男たちに課せられた。関東軍も村の近くで演習を繰り返したという。村人にとって本業であるはずの作業は、満州人に任せがちであったという。満州人たちは天理村の農地を耕し、収穫は村人と折半した。天理村開拓者はいつのまにか、いわば地主同然になっていた。

そこに支配の構造があったことに今になって気づいた、と風間は嘆いた。

《二六〇〇（メートル距離）、一発撃て》の号令。《満州人が出ていった家を標的にし、野砲をどんどんぶっ放す。白い糸を引いて飛び、炸裂した》（毎日新聞一九九五年六月四日付）

風間は語りながら目を落とした。自分たち子どもも、よくこれを真似たものだ、と。幼かった風間は何もわからず兵隊ごっこを繰り返した。風間には農作業をした記憶はほとんどない。兵士に憧れていたからだ。

「関東軍は匪賊の討伐演習で、天理村に一年に六、七回はやって来よった」

風間の記憶では、彼らがやって来るときには日の丸の旗を手に天理村西門に全員集合するよう、子どもたちに号令がかかった。軍が入村すると同時に、子どもたちは「万歳」を繰り返しながら迎えた。隊の最後尾が無事に入るまで続けられた。時には、野砲を牽引する馬が「万歳」の声に驚き、暴れ出すこともあった。兵士たちは日が暮れるまで天理村の周辺で予行演習を繰り返し、夜になると信者たちの家で寝泊まりした。どの家も彼らを至れり尽くせりでもてなした。

それから半世紀近くを経た一九九〇年代、風間が天理教本部を訪れたときのことだ。ふと、天理図書館を訪ねてみる気になった。何でもよいから天理村時代の資料を見つけ出したかった。探すうちに、小学生のときに書いた作文を見つけ、驚きの声をあげたという。自ら銃を手にし、〝大和魂〟に染まった少年時代の記憶が蘇った。

そこには《ひぞくがきたらてっぽうでうちます。大日本のへいたいさんはつよいのでいつでもひぞくにかちます。僕は日本のへいたいさんを大すきです》と書かれていた。

３　天理村の苦難の日常——農業と信仰と生活環境

村の東西にはレンガ作りの門が建ち、厚い鉄の扉で開閉されていた。この二つの門を点と線に塀が張り巡らされ、各角にはトーチカ（陣地）があった。馬賊の襲撃から村人を守るというのが設置の理由である。村の中央にはレンガでできた教会、さらに学校や講堂、診療所があった。それらを囲むように家屋や独身者用の八紘寮もあった。

開拓団の多くは家族移民で就学者も多くいたので、本部は教育設備を計画に入れた。校風が天理教の宗教的信念に基づいたものであったことは言うまでもない。尋常小学校（六年間の義務教育）から高等小学校（二年間）教育まで日本の教育と変わりはなかったが、午後には農業開拓団の使命として、全員が農場での実習を課せられていた。

村の生活が落ち着いてくると、学童期の子どもたちの成長に合わせ、青年学校が設置された。そこでは男子には軍事教練を、女子には裁縫の稽古などが施された。

一九三五年には、「移民の一日」という一六ミリ映画が生琉里で撮影された。村人が軍事訓練をしているシーンでは、指揮官を真似て当時小学校二年生の風間も出演した。

「父はそれを知って、激怒した」と風間は振り返った。自分たちは〝みな兄弟〟のはず、ならば兵隊なんていらない――それが父の思いであった。「その息子がなぜ兵隊の真似をせねばならんか、それが父の逆鱗に触れたのでしょう。父にとって、関東軍が指導する村人の軍事訓練はあくまで匪賊征伐のための演習だったのでしょう」

こうした天理村の安寧の日々も一時的なもので、やがて暗雲が漂うようになった。必死に農業開拓に勤しんだが不作が続いて食糧難に陥った。いちばんの犠牲者は十分な栄養を摂ることができなかった育ち盛りの子どもたちで、こうした状況は次第に信者たちの心をも苛んでいった。

戦時中、軍事政策の情報をある程度は政府から得ていた教団が、満州のこのような厳しい現状を知らないはずはない。だが、教祖中山みきの教えの実践という「神意の実行」として彼らを送り出した以上、苦難の道も教祖の「おやごころ」であると指導者たちは信者たちに感謝を強いた。つまり、貧しい住まいと過酷な労働こそが「神意の実行」である、と主張した。

やがて、開拓団への参加を目的として天理教に入信した人々の間から、天理村の責任者を追及する声が上がるようになった。[1]

風間は父から聞いた話として、次のような話をした。

天理村の責任者たちは、北海道から「ナナカマドの所帯」も連れてきた。しかし、到着してみれば、住むはずの家には満州人が入っていた。彼らを追い出して力ずくで入らなければならなかった。彼らの将来に良かれと思い一緒に連れてきたのに、これが天理教信者のすることかと言わずにはいられない状況だった。開拓団員からも騙されたと責められ、責任者たちはほとほと困り果てたという。

風間の説明によれば、ナナカマドとは〝七回焼いてもまだ焼ける〟という意味で、ここでは〝それだけ根性のある人間を北海道から引っ張ってきた〟ということだ。

「家を整理した金を本部にお供えしたあげくが、あんなことや。誰でも怒るわな。騙されたと思う方が当たり前やろ」

このような悪行がまかり通っていた満州にあって、報道機関は軍部の言いなりだった。

《内地農村をしのぐ近代的な文化村いまや殿様移民の天理村》といった大見出しで報じたり、《祈りの明け暮れミレーの絵そのままの生活に伸びゆく天理村》といった美辞麗句で讃美する報道を堂々と繰り返していた。第二次、三次と続く天理教開拓団の勢いの様や、《村の診療所には医師、看護婦の他に産婆を常置し、村民の保護衛生に努めているため、未だ一名の患者も発生しないという健康ぶり》という記事まであった。これらは一九三六年七月三日から五日にかけて満州日々新聞が掲載した記事だが、この新聞社は満鉄の子会社であった。

風間たち第一次開拓団の生活も落ち着きを見せるようになったと理解した教団本部は、次に入植予定の開拓団に名称をつけた。「一宇開拓団」と「大和開拓団」である。名称については、前者は「八紘一宇」から、後者は「大和魂」からそれぞれ二字をとったものだ。二つの開拓団が一九四三年に入植した村はハルビン市から約二六キロメートル離れていた。広大な平原が続く大地の中に、一戸当たり八町歩（二万四千坪）の耕作地と三百坪の住戸という区割りだったので、〝村〟というよりポツリポツリと家々が点在するささやかな集落のようだった。ほどなく、満州天理村は生琉里区と西生琉里区の東西二区に分けられた。

第二次開拓団が到着したときの状況を、風間はよく覚えていた。

「父の同郷で後輩だった人も家族ぐるみで、昭和十八（一九四三）年に天理村にやってきたんや。その日に親父と馬に乗って訪ねてみると、彼らが入るはずの家の前で騒動が起きていた」

どうしたのかと早馬で駆けつけると、今度は銃声が響いた。あわてて馬を降り、家のそばまで行くと、病人らしき老人を抱え、満州人の家族が鍋や布団を持って家の外に出てきた。

「なんてことをするんだ！　日本鬼子、いまにみていろ！」

彼らは口々に自分たちに向かって怒りの言葉を投げ、泣きながらどこかへ歩き去った。時は三月、満州に春はまだ遠い時分のことである。

4　風間博の父が語った「告白」と息子の決意

関東軍が演習にやってきていた時期のことだ。風間には今も忘れられないシーンがある。

寒い夜だった。

「兵隊さんが帰ってきた！」

演習を終えた兵隊の帰りを待ちかねて家の戸口に飛んで行った風間は、そこで見た光景に立ちすくんだ。数人の捕虜が後ろ手に縛られ、近くの木にくくりつけられた。顔面は蒼白で、寒さに震えていた。彼らの体は完全に凍っているように見えた。

眼の前で繰り広げられる行為に風間の目は釘付けられた。恐怖を覚えたが、立ち去ることができなかった。誰も、「引っ込んでろ」とは言わなかった。縛りつける作業を終えた兵隊たちは三々五々、散らばって行った。

兵隊の姿が見えなくなると、風間は恐る恐る、縛られた人たちに近づいた。彼らの足元には、垂れ流しのあとが付いていた。衣類も靴も、たちまちのうちに凍り果てていく。

「どうした、坊や！」

驚いて振り向くと、見張り役の兵士がやってきた。彼らの様子にたまりかねた風間は、叱られる怖さも忘れて問うた。

「兵隊さん、この人たちはどうなるのですか？」

「こいつらは、ソ連国境の（日本軍）要塞工事に使うのだ」

その答えに唾を飲み込んだ。返事をすることさえ忘れ、家の中に飛び込んだ。布団に入ってからも、彼らの悲しげな目が頭から離れず眠れなかった。ようやくまどろみそうになったころ、夜は明けようとしていた。彼らの無事を確かめたくて布団を飛び出し、外に出た。だがすでに、彼らの姿は消えていた。

先述したように、風間の父は兵隊遊びをする息子を厳しく叱っていた。だが、そのときの父は家族にも話せない〝重い時間〟を背負っていたことを、戦後になって風間は初めて知った。

父がようやく口を開いたのは、昭和三十年代の終わりごろであったという。戦後引き揚げて本部から用意された開拓地が開墾され、ようやく生活に落ち着きの兆しが見えるようになってきたころのことだ。

「父だって、すべてを封印したまま、生涯を全うすることができたであろう。だが、せめて息子にだけは伝えて逝きたかったのだろう。その思いは、かつての満州時代、兵隊の真似をして遊んだ何もわからぬ小学校一年生の息子を怒鳴りつけたあの一瞬は、父としての『罪過』だったのかもしれない」

そう言って風間は、父の体験を語り始めた。

風間の父は、ハルビンから南へ二四キロメートルの地にある平房本部（後に七三一部隊と改称。第四章で詳述）の建設現場に駆り出されていた。しかも、それは命令ではなく、自ら率先してのことである。破格の給金に、信者たちの心は動いた。

「男たちは、皆行きたがった。だから二週間から三週間で交代したさ」

しかし、彼らが得た給金は彼ら自身が手にするのではなく、「お供え」として教会へ捧げられた。それが天理教の仕組みでもあった。

初めて聞く父の言葉に「誰が行きよったか」と風間は詰め寄った。しかし、「そんなことは知らんでもええ。お前の父がそんなことを、しておったんや」と父親は目頭を押さえて答えたという。

部隊本部の上空を無断で飛び交う飛行機はたとえ味方機であっても撃ち落とすべし、と厳命が出されていたほどすべてが秘密裏に運ばれていた部隊である。このように厳しく情報管理がなされていた施設の建設に従事させられたのは唯一、天理村だけであった。極秘密裏の施設であるゆえ厳重な警戒が敷かれ、周辺を幾重もの柵で囲み、レンガ積み作業に時間がかけられていた。何の訓練も受けていない天理村の大勢の男たちが、建設労働者として従事した。

「日本人なら秘密が漏れないとでも思ったのでしょうか」

風間はそう回想した。さすがに軍の意図を見抜いていたのか、「日本軍は七三一部隊の機密が漏れないよう日本の開拓団を使って周りを囲むことによって少しでも機密の漏えいを防いだ。それが純朴な天理教信者とあっては、うってつけだったんだろう」と風間の父は話したという。

満州の冬は寒さが厳しく、すべてが凍りついてしまい作業はまったくできない。コンクリートは凍害が発生し固まらない。手で触ったり硬い物で擦るだけで、ボロボロに崩れてしまう。そのため、工事期間は春から秋に集中した。しかし、この期間はまさに農耕期でもある。村人たちは工事作業の合間を縫って農作業をしなければならなかった。どちらが彼らの本業かわからない状態であった。

とはいえ、当時の天理村では、農作業のほとんどは満州人を雇って行われていた。風間が「半青《パンチン》」という言葉を知ったのもこのころだ。収穫物の半分は彼らのもので、残りの半分は日本人のもの、という意味である。一方で、建設労働者として働くことによって得られる現金収入は、村人たちにとって魅力的なものだったのだ。

施設の中で行われたことを知っていたのだろうかという筆者の問いかけに、風間はさらりと答えた。

「ああ、親父は知っていたさ。作業を終えて片づけをしているときに何人もの中国人が歩いてくるのが見えたらしい」

彼らは、寒い中をザクザクと音を立て歩いていた。風間の父らは見て見ぬ振りをしながら、黙々と片付け作業を続けたという。風間の父が仲間たちと目にした光景について、後年、息子に次のように語った。

「夜昼の区別なく引き込み線に有蓋列車が入ってきた。列車からは少ないときで二十人くらい、多いときには五十人以上が降りてきた。支那兵は緑がかった軍服を着ていた。黒い服は農民だと思う」

彼らはみな目隠しされ、後ろ手に縛られ、足には鉄の鎖が付けられていた。その姿はまるで囚人のようであったという。

風間の友人の一人が満鉄の機関区に勤務していた。彼は名前を明かさないという約束で、次のように証言した。

「僕は、兵隊に行くまで満鉄の機関士をしていました。支那兵を何度か運んだことがあります。平房に運ぶまで何日もの間、一度も外に出さないので、貨車の中は糞、小便だらけ……。一日に一回、ダービンズ（トウモロコシの粉で作った饅頭）を投げ込み、バケツと柄杓《ひしゃく》を入れてやるだけ……」

貨車の中では捕虜たちが大声で叫んでいた。日本の警備兵が彼らに向かい、「ブーミンバイ（わからん）！ブーミンバイ！」と怒鳴り返しながら貨車の重い扉を閉めている光景が今でも目に焼き付いて離れない――そう言って、証言者は瞼を閉じた。平房の駅に到着するやいなや、捕虜たちはもはや人間としての存在ではなくなった。

天理村からは三十～五十人の男が馬車に乗り、広大な施設の中の作業現場に通った。風間の父や間接的に伝え聞く証言から、そして戦後になって重い口を開いた天理村関係者たちの様子から、彼らの作業現場が人体実験用に建てられた通称「ロ号棟」（上空から見るとカタカナの「ロ」の字形をしていた）であったことが明らかになってきた。

「小指より細い鎖をつけられ、だらだらと歩いていた」

初めて施設に到着した翌日、指定された作業現場に入った父は、そこで「マルタ」と呼ばれる人々が杭に縛られ、髪の毛は杭の上に打ち付けられた針金に結び付けられているのを見た。寒空の中に放置された人間が、そのような状況で何日間生き延びることができるのかを調べていたのである。ほどなくして彼らが人体実験のために連れてこられたことを風間の父は知った。

マルタとは文字通り木材の「丸太」に由来する言葉で、関東軍憲兵隊や関東軍特務機関などによって捕らえられたロシア人や中国人、朝鮮人の捕虜を指した。中国各地に潜入したロシア赤軍将校や、紅軍（中国共産党が一九二七年に組織した軍隊で、中国人民解放軍の前身）兵士、日本帝国主義に反旗を翻した抗日ジャーナリストや学者、さらには労働者、学生などもいた。なかには家族とともに捕らえられ送り込まれた人々もいる。

「自分たちは、人間を救うために満州に行ったのではなかったのだ。広い土地をもらいたいばかりに、先祖から託されたわずかな土地を売って天理教に入信した。満州人をこき使い、人間扱いしなかった。それでも都合のいいときには、〝天理教の親神様〟よ……」

最晩年、風間の父は自嘲気味にそう語ったという。自分たち子どもがいなければ、父は自害して果てたかもしれないと風間は考えている。

誇り高き会津藩士の生き残りの子孫を自負していた父が、夢をかきたてられ国策に追随し、引っ張るようにして家族を連れて満州までやってきた。国や教団の実験台になっていると知っても抗うことをしなかった。そのことへの〝悔い〟は、しかし、黙して語らなかった。その代わりに、父は目に入ったあの時代の〝光景〟を息子に伝えた。それが、父のせめてもの家族に対する償いであり、また、侵略に加担したことに対して自分に課した責務だったのかもしれない。風間はそう思った。

満州に開拓団として乗り込みたいばかりに入信した風間の父は、いわば、にわか信者である。風間の父だけが特別ではなかった。少々の蓄えがある者は、凶作に苦しむ疲弊した村を捨て、満州に新天地を求めて天理教に次々と入信していった。

「父は、それでも生涯を通じて従順な天理教信者だった。その父と、膝付き合わせながら胸中を語り合えなかったことを悔いています。天理教への入信、そして満州への開拓は、自分たち家族にとってどんな意味があったのか。親父に聞いておきたかった」

だが、それは父の、母に対する思いやりだったのかもしれない。母は熱心な信者であり、村でただ一人の産婆であった。天理村では多くの赤ん坊を取り上げた。到着した日も、駅から村に向かうトラックの中でいきなり産気づいた妊婦を到着地まで励まし続けた。妊婦とともに、母は真っ先に車から降りた。全員の降車が終わる前に、どこからか産声が聞こえてきた。それからの母は「産婆さん」として忙しかった。それが、母の「お道《みち》〔筆者注・天理教を指す〕」であり、教祖《おやさま》へのご奉公だと感謝して。

そんな母に、父は帰国してからも本部の〝愚策〟をなじるようなことはしなかった。だが、母は父の苦しみや息子の苦渋を誰よりも察していた。

父亡き後、ただ一人の理解者であった母は、後に風間が天理教本部から激しく糾弾されて遂に天理教を脱退する決心を告げたとき「この母の最後の頼みを聞いてほしい」と風間は懇願された。頼みとは、百万円を教会にお供えすることであった。悔しくなかったと言えば嘘になる。だが母の胸中と、母の前では生涯従順な天理教信者であり続けようとした亡き父を思い、頼みを受け入れた。以後、母は風間の前では一切、天理教について口にすることはなかったという。

父が見た光景を資料とともに振り返り、記録するのが自らの役目と風間は信じた。記憶を掘り起こせば起こすほど、満州天理村の立ち位置が見えてきた。脱退したとはいえ、天理教信者が侵略の一端を担いでいた事実に風間は、生涯動揺した。

「満州にいたころは親父のすることによう腹が立ったが、今となってはありがたいよ。七三一部隊への協力を告白してくれたんだから。だから今の自分があるんだな……」

天理村の人々の多くは、細菌化学兵器軍事施設が自分たちの村に隣接して存在するなどとは予想もしなかったことであろう。しかし、引き揚げ者のなかで風間の父と同様の体験をした信者たちは少なからずいた。このことは、風間の父が残した日記から証明できる。だが、信者の多くは黙して語らず、封印したまま生涯を終えた。「本部のされることに間違いはない」ということなのか。

「ひとはいちれつ　みなきょうだい」という中山みきの御心に従い、厳しい環境の中で土地を切り拓いていった。だが省みると、自分たちは教祖《おやさま》の思いにかなうどころか、どれほどに不忠実であったことか。満州での子ども時代、大和民族が最高のものだと教わり、中国人を見下す教育を受けた。ジャガイモを盗んで殺された中国人をみて、笑った。そんなことは当たり前だと思っていた……。

「あの時代のことを、少しずつ記憶に新しいところから文章に整理していくと、どんどん頭が整理されていってね」

引き揚げ後は近くの亜炭鉱山で働き、作業後は父から聞いた話を記録していった。どんなに疲れても、また、父を助けて農作業に明け暮れる繁忙の季節であっても、天理村の記録を書くことを風間は怠らなかった。一人きりで、ぼろがみに殴り書きすることもしばしばだったという。頭が整理されればされるほど、日本軍、ひいては天理教団がやったことは侵略以外の何ものでもなかったと気づかせられた。

父の告白によって事実を知った風間は、教団をはじめ満州天理村を開拓した自分たちは戦争に加担した加害者として反省するよう、幾度となく教団本部に訴えた。しかし、教団が彼を相手にすることはなかった。それでもひるむことなく、彼は告発し続けた。

さすがに、天理教団から糾弾され、本部が満州天理村からの引き揚げ者のために準備した伊賀上野の開拓地（「伊賀生琉里」）で協力し合った仲間たちから村八分にされたことは、風間の心に大きな打撃を与えた。「身も心もすべてがぶっ飛んだ」という。しばらくは過去の記憶も喪失したかのような挫折を味わったが、自分自身を取り戻せたのは〝父の告白〟を自分の課題として引き継いだからだ。

注

（1）《「俺を騙して連れてきた。何がいいところか」と言って楯突くもの。さらには「こんなところで何が収穫できるか。借金を年賦で返せといっても、到底そこまではいかん。今のうちに帰る」と言い放って離村するものも出たという》（山根理一『旧満州天理村 開拓民の歩み』前篇、一九九六年、四一頁）

第4章　天理村と隣接した七三一部隊

731部隊施設跡　煙突だけが残された（1993年訪中時撮影）

満州天理村国民学校

1　日本軍の兵器近代化と細菌兵器の開発──石井四郎による七三一部隊の設立

七三一部隊の〝極秘裏〟の活動の一端が明らかになったのは、終戦後の一九四九年十二月二十五日から三十日にかけて、ハバロフスクで開かれた極東軍事裁判においてである。研究群の中に「特別班（マルタ担当）」と称された研究部門があり、ソ連はこれに注目した。特別班では実際に何が行われ、何を研究していたのか。また、マルタ担当とは一体何を指すのか、と。

第一次大戦中に欧州戦線で使用された毒ガス・化学・細菌兵器の使用による震撼すべき経験を教訓として「窒息性ガス、毒性ガスまたはこれらに類するガスおよび細菌学的手段の戦争における使用の禁止に関する議定書」（以下、ジュネーブ議定書）が一九二五年、調印された。ところが皮肉にも、議定書は欧州戦線に加わらなかった日本軍に細菌兵器の開発の必要性を認識させ、その開発に奮い立たせるきっかけとなった。後に七三一部隊の部隊長となる石井四郎（一八九二～一九五九年）が議定書を目にし、細菌兵器の開発に着眼したのである。石井は陸軍に対し細菌兵器の研究開発を提案、受理された。

京都帝国大学医学部出身で細菌学者の石井は、陸軍軍医学校などで教官を務めた後、一九二八年から二年間、欧米各国およびソビエト連邦に赴き、細菌戦を準備する諸国を視察した。帰国後の一九三〇年八月、石井は陸軍学校の教官に任命されたが、細菌戦対策と細菌兵器の研究開発の必要性についても論陣を張った。陸軍省軍事課長・永田鉄山（一八八四～一九三五年）大佐を中心に、欧米で収集したデータを参謀らに示し、説得を図った。

折しも、陸軍省では「統制派」と「皇道派」を中心に激烈な内部抗争が起きていた。前者を指導する永田鉄山は細菌戦の重要性を説く石井の構想にいち早く理解を示した。これは永田が、今後想定される戦争、すなわち西洋列強に打ち勝つためには軍の近代化が必要であり、兵器の近代化もこの一環として推進していた時期でもある。日本は第一次大戦に参戦はしたものの、欧州における本格的な戦争には参加しなかった。西欧ではこの間の戦闘の中で戦車・航空機・生物化学兵器などが急激に発達したのに対し、日本は大きな遅れをとっていた。日本軍、特に陸軍にとってこの克服が喫緊の課題だったのだ。

この解決策の一つとして、政府は石井の提案を採用した。一九三二年四月、陸軍軍医学校防疫部に「防疫研究室」が作られた。研究室設立の目的は戦場での防疫研究――満州事変では兵士が伝染病で倒れる惨事が後を絶たなかったから――とした。だが実際は、石井の願ってやまない細菌兵器開発の研究所であったことはいうまでもない。伝染病で兵士が倒れるのは、満州事変以前にも多々あったのだ。

これを受け、石井は東京帝国大学や京都帝国大学を中心として医学研究者を募り、兵器開発のための人材確保に乗り出した。一九三三年には近衛騎兵連隊の敷地（現在の学習院女子大学、東京都新宿区）に研究施設が完成し、その後、細菌兵器開発の本格的な実験・製造施設を満州に建設することが決定された。秋には石井が現地に赴き、ハルビン近郊の背陰河《ペイインホ》に細菌戦秘密研究所が設置された。

ハルビンは当時から美しい街であった。一八九八年、ロシア帝国は清朝政府からハルビンを買収し、鉄道建設の本拠地として街づくりに着手していった。モスクワをモデルにしたヨーロッパ風の建物が立ち並び、調和あふれる美しい街へと変貌を遂げた。しかし、ロシア革命によってハルビンは再び中国政府の支配下に置かれ、一九三一年九月の満州事変によってさらに一変する。南満州一帯の占領を企てていた関東軍はただちに侵略を開始し、一九三二年三月に満州国を建国、傀儡政権を樹立した。ハルビンは日本軍の手に落ちたのだ。

細菌戦秘密研究所には七三一部隊の前身となる「加茂部隊」（石井の出身地である千葉県加茂部落からの名称）

と称される部隊を置いた。そこでは日本では実行不可能な、中国人捕虜を使っての人体実験が次々と行われていた。

なお、石井はこのとき翌春まで滞在したが、同時期には石井の郷里からも「石井家の息子に関連した仕事のようだ」と噂される満州への出稼ぎが頻繁にあった。折からの凶作もあり、満州では仕事にありつけるとあって村人たちは喜び勇んで渡満し、石井が監督した。郷里が生んだ〝大先生〟の研究内容を加茂部落の人々が疑うことはなく、彼らは建設作業に励み、七三一部隊が平房に建設される段になると、秘密裏に特設される監獄ロ号の建設工事で各班の監視役として従事した。

一九三六年になると部隊はさらに大規模になった。関東軍参謀長・板垣征四郎（一八八五～一九四八年）は、満州一帯の兵備を充実させるために陸軍次官・梅津美治郎（一八八二～一九四九年）に意見書（一九三六年四月二十三日付）を送付。ほどなく大日本陸軍命令が出され、それによって「関東軍防疫部」が日本陸軍の正式な部隊として新設されることになり、平房に新たに軍事施設の建設が始まった。目的は急性伝染病防疫対策および細菌戦の研究であった。

施設の周囲は五キロ四方の塀に囲まれ、高圧電線で張り巡らされた。鉄条網に囲まれた大がかりな施設のなかには部隊員やその家族が住む宿舎もあり、「東郷村」と呼ばれた。日露戦争でロシア海軍を破った軍神東郷平八郎を祭った東郷神社（東京原宿にある東郷神社）の分祀も建立していた。慰霊祭や祭典が行われることがあり、天理村関係者も招待を受けることがあった。一九三九年に加茂部隊が移設するとほどなくして、この部隊は「東郷部隊」（石井の変名である「東郷ハジメ」に由来）と名称を変更した。この時点ですでに二千六百人近くが細菌戦の研究に従事していた。彼らの多くは、日本各地の大学医学部や研究所から派遣された医学者や研究者などの軍属であった。

満州国建国以前から、関東軍は抗日ゲリラに対する毒ガス使用許可を陸軍省に求めていたが、許可されなかった。建国後、九月十五日に日満議定書が締結され満州の防衛は関東軍の手に全面的にゆだねられ、関東軍は毒ガス使用を陸軍省に再び願い出た。しかしやはり、陸軍参謀次長・眞崎甚三郎《まさきじんさぶろう》（一八七六～一九五六年）は関東軍参謀長・小磯國昭（一八八〇～一九五〇年）に対し、この時期に毒ガスを使用すれば国際社会は黙っていないこと、さらに進行中のリットン調査団の審議への影響を考慮に入れ、毒ガスの使用は時期尚早であるとの見解を示した。陸軍はこの時期、毒ガスなどの使用はジュネーブ議定書に抵触する残虐な兵器であり、使用だけでなくその準備や製造も禁止すべきだという立場だった。海軍でも、毒ガス・細菌兵器の禁止は絶対主義（絶対的な真理や価値規準を認める普遍的立場）にする必要があるとして、毒ガス等は非人道的兵器であると主張していたのである。

ところが、一九三七年七月七日に北京郊外で蘆溝橋事件が起こり、中国と全面戦争（支那事変）に突入すると、軍の状況は変わった。

石井は汚水を清浄する「石井式濾水機」を開発し、陸軍で採用された。これによって彼は給水作業をも行う「防疫給水部」を設立し、北京、南京、広東、さらにはシンガポールにまで展開させていった。そして、関東軍防疫部は平房に、先の背陰河以上に本格的な施設を建設し、ここを本部として一九三八年から三九年にかけて移転した。関東軍防疫部は一九四〇年には「関東軍防疫給水部」と名称を変え、牡丹江、林口《りんこう》、孫呉《そんご》、海拉《はいら》爾《る》に支部を設けた。また、満鉄の研究所も傘下に入れたばかりか、平房から北方約二六〇キロにある安達《あんだ》には細菌兵器の実験場を設立した。

一九四一年八月、平房本部は「関東軍第七三一部隊」と改称され、以後は各班組に分けられた〝班名〟で称されることになる。防衛上、そうさせたのだ。例えば高橋正彦率いるペスト研究班は、高橋班といったように。

だがどれもがのちに世界が震撼する忌まわしい研究内容であった。細菌兵器の研究・開発・製造に従事したのは三千人余りで、外部からは完全に遮断されていた。施設の中心となるロ号棟にはマルタと呼ばれる人体実験者たちの特別監獄が二つあった。背陰河では捕虜の脱走事件が起こっていたため、平房の特設監獄は極めて厳重な構造にされた。人体実験者は、七三一部隊の要求によって中国各地から憲兵隊の手にかかり汽車でハルビン駅へ護送され、そこから列車やトラックで平房の部隊の監獄へと送り込まれてきた。ここで実験材料の犠牲になった人々の数はゆうに三千人を超えたといわれる。

監獄に放り込まれた捕虜たちは以後、名前ではなく三桁の数字で呼ばれ、各研究部門が行う生体実験の〝材料〟としてあてがわれた。捕虜のなかには女性もいた。ロシア人女性たちは反日分子として捕らえられた。女子学生たちは梅毒の実験台にもされた。

七三一部隊には「二木班」という名の班もあった。ここでは性病の実験が行われていた。『七三一部隊』（戦争犠牲者を心に刻む会編、東方出版、一九九四年）から、元隊員たちが残した証言を取り上げよう。

《「梅毒を治すためと称して住民の頭を割り、脳を取り出した」》（八九頁）

《「女性の脳味噌というのは梅毒に非常に効くという噂があって、中国人の女性を見れば強姦し、殺害した。そして、殺害した後で、頭を割って、脳味噌を取り出した」》（八九頁）

班の責任者であった二木秀雄（一九〇八〜一九九二年）の下で働いた一人の隊員が、次のように告白をしている。

《「確かに二木班で女性たちに梅毒の実験をしていた。自分もそれに手を下した（中略）自分は丸太の性交にたちあったことがある。」と語られました。「丸太」と呼ばれていた中国人の男女を実験室に連れてきて、四、五人の隊員が取り囲んで見守る中、その男女に無理やりセックスをさせたというのです。つまり、その時の性交の目的は梅毒の感染にありました。直接感染させるということが、「七三一」では行われていて、しかも、その感染からのちの経過が克明に観察されたわけです》（九〇～九一頁）

実験はさらに続いた。妊娠して生まれた子どもに梅毒がどう遺伝するか、その経過観察までも行っていた。別の「吉村班」では、生後三ヵ月の子どもに凍傷の実験をしたという話まである。

七三一部隊での強姦についてはは筆者も幾度か耳にしているが、元隊員の次のような告白が残っている。

《ペスト感染をして今にも亡くなりそうな人、亡くなる寸前のまだ臓器が動いているうちにですね。生きたまま解剖しようとしたときのことです。やや時間があって一緒にいた友たちから、いいものを見せてやるからちょっとついて来い（中略）一つの鍵で全ての房が開いたわけです。その友たちは見てろと言って、自分が一つの房に入り、そして、強姦したのです。……必死に抵抗する彼女の手は、ほとんど骨が黒く見えていて、指がない。彼は、「ああ。凍傷実験に使っているのか」と思い、「それでもいいや」と思ったそうです。そして、もがく彼女の着衣をはいだら、足の先も指がなくて、骨がむき出しになっていた。それを見た彼は「だるまなら恥かかされなくておあつらえ向きだ」と、また、思ったという》（九四頁）

《ある隊員のこういう記述が残っています。「獄中で出産した中国人女性の子供は、実は俺の子だ」と。

それはつまり、自分が強姦した結果、生まれた子供であると言っているのです》（九二頁）

隊員の中でも実験中に感染した者は生体実験の〝犠牲者〟となったのは、いうまでもない。

こうして部隊はここで、ペストやチフス、梅毒など、あらゆる病原菌の実験を行った。ロ号棟には特別監獄の他に、細菌の培養室や実験室もあった。軍医たちはそこで生身の体に細菌を注入し、細菌の効力を確かめたあげく、絶命寸前の彼らにさらなる苦痛を加えた。どの人体部分にどのような変化が生じていくのか、生きたままの状態で解剖して調べたのである。さらに、取り出した臓器を培養体にしてさらに強力な毒性を持つ細菌を生産しようとした。七三一部隊ではこのような開発研究を進めていたのである。

銃撃戦では限界がある、敵負傷兵は回復して戦線復帰が可能だが、細菌攻撃であれば人体に深く食い込み、人から人へとその効力を広めていける。ただでさえ資源の乏しい日本にとってうってつけの戦略だ——部隊長の石井はそう考えたのである。

凍傷実験も繰り返された。零下二〇度以下の極寒の中で、捕虜を素手にして人口風を吹きつけ凍らせた。寒さでしばれきった手を、今度は小さな棒で音が出るまで叩いていく。やがて肉がそげ、骨がむき出しになるまで叩き続ける。あるいは、裸で外に立たせたままでいつまで生きられるのかを確かめる実験も繰り返された。

毒ガス実験も繰り返された。ガラス張りの小さな部屋に毒ガスを発生させ、閉じ込められた人々が絶命するまでの時間を計るのだ。ガラスの向こうには、ストップ・ウォッチを手にした軍医がその時間を計り、記録をとった。

2　天理教と関東軍との関わり

教団が関東軍から与えられた天理村の地は、後に関東軍が新たな部隊として建設を予定した七三一部隊の土地とほとんど隣接するような位置にあったことは、教団にとって誤算であったと考えたい。

関東軍と教団幹部との暗黙の了解ができていた可能性も考えられるが、七三一部隊が機密度の高い軍事計画を遂行していたことを勘案すると、部隊の実情について天理教団はなんら知らされていなかったと考えるべきであろう。

ただ、第2章で述べたように、満州天理村建設の準備段階から終戦間際まで一貫して関東軍の介在があったことは事実である。(1) 起工式には特務機関の林田数馬が出席し、九月の棟上げ式には彼をはじめ、憲兵隊も出席していた。

戦時中、満州天理村の村人たちが部隊施設の建設工事に関わったばかりか、風間の父やその関係者が証言したように捕虜たちを杭に縛り付けたとなれば、七三一部隊の軍事行為への加担である。そんな彼らの行為から、教祖中山みきの思いとはおよそかけ離れた宗教団体に成り果てたことが浮き彫りとなる。このことは信者たちの中に様々な葛藤を生み、戦後もひきずっていく結果となった。

戦後、教団は満州天理村について次のように総括している。

《昭和七年、青年会が推進した『満州天理村』の建設は、個々の布教師によった布教伝道、あるいは教会による布教伝道とは少し趣が異なる。というのは、この満州への布教は天理教青年会が主となっての布教計画であったからである。けれども、それは決して政府の移民政策そのままに乗る形ではなく、あくまで布教を目的とした独自の計画であった》（天理教団表統領室特別編纂委員会編『世界たすけへ更なる歩みを――「復元」五十年にあたって』天理教道友社、一九九五年、一六二頁。以下、『復元』と記す）

《「天理教の移民計画は、軍の意思を無視し、天理教団の者のみを以てし、他の入植を拒否するものであるから、中止せしむることに決定した」という意味の通諜が、関東軍司令部小磯参謀名で関係方面全部に対して発せられていたことからも明らかにされよう。そして、当時日本人の大陸への移民がほとんど拓務省提唱の独身武装移民であったが、天理村は農業を営みながら布教を目的とした家族移民であった》（『復元』一六三頁）

しかしこの内容は、戦前に発行された『天理村十年史』と乖離している。同書では、《教団への関東軍支援と両者の協調姿勢》が述べられていたのだ。戦前と戦後で、なぜ関東軍に対する教団の認識の違いが生じたのか。

天理村で布教に励んだ信者たちがいたことは確かであろう。また、天理村の存在が周辺の現地人に示した好意、特に初期の移民が現地人に対して医療などを施したことはあまた聞かれる。しかし、果たして〝武装移民ではない〟と言い切れるのか。

《天理村が建設された場所が、匪賊の巣窟となっていたところであっただけに、それらの襲撃から最少限の防衛措置をとっていたのである。村の警護のために、関東軍や満州国軍、警察に駐留を願い出たが、他の地域がより危険となりすぐに引き上げてしまうという状況に、村に門をつくり、鉄砲の貸与があったの

である》（『復元』一六九頁）

彼らは銃を与えられ、軍事教練まで受けた。関東軍の演習を村の敷地内で受け入れ、兵士たちを各信者の家に泊めた。そして、試験移民、すなわち武装移民の選抜規準である在郷軍人が、天理教第一次移民団でも半数以上を占めていた。天理教青年会長の中山正善が関東軍小磯國昭宛に提出した移民再計画書の中には、「移民の資格」として《ナルベク既教育在郷軍人タル者》と明記されていたのである。さらには、前述したように天理教信者たちが関東軍の内部でも極秘の存在である七三一部隊の内部施設の建設や部隊員たちの作業に、補助的とはいえ直接手を貸す存在として組み込まれていた。これらの事実をもってしても、武装移民ではなかったといえるのか。

《昭和十六年十二月、太平洋戦争が始まるとともに、日一日と統制と耐乏を強いられる本国の状態は、満州国をして食糧基地としての重要さを増すことになった。同時に関東軍南進のあとをうめる国策として、開拓団派遣が急務となった。農業移民であった天理村においても、要請を受けて、第三次の入植計画が立てられた。そして、十八年から入植が始まった。しかし、それは布教伝道を意識したものではあったが、入植する人々の意識において、かなりの隔たりがあったようである》（『復元』一六六頁）

《その数は第一次と第二次入植者数よりもはるかに多く、確実なる氏名と数が把握できないような状態であった。それだけに、心ならずも問題をはらんだものとなったのである》（『復元』一六六〜一六七頁）

当時、教団が入植希望の人々を急募したことから、この時期における募集の動機は教団がいうように《関東軍南進の後を埋める》国策に準じるものに変化しつつあったことがうかがえる。第三次入植者も、天理教団の開拓団に加わるために天理教に急きょ入信し、ささやかな手元の金銭も教団に預託していた〝にわか信徒〟がほとんどであった。彼らの想いが《国内では統制につぐ統制で物資は困窮をきたしている、しかし、満州には何でもある、小豆等山と積んであるそうだ。そこに米を作れるとは願つ《ママ》てもない》（『復元』一六六頁）など、それぞれ異なることは当然である。しかしながら、実態は渡満前に聞かされていた話とは雲泥の差であった。にわか信者が失望し不満を噴出させたのは当然であろう。宗教教団がそれを、各人の〝意識の隔たり〟として片付けるのはあまりにも無責任ではないだろうか。

毎日新聞は《満州の碑文に「日寇」「聖業」は侵略だったか》（一九九五年六月十一日付）と題する記事を載せた。

《一九八四年十月二十八日、三重県上野市の開拓村「生琉里」で、「渡満より五〇年を語る会」が開かれた時、ベニヤ板で作られたゲートを見て、風間博（六八）は無力感に襲われた。天理教が旧満州（中国東北部）で開拓した〝天理村〟から引き揚げた人たちの集まりだった。風間も満州・生琉里地区からの帰国組。ゲートは天理村の入り口を再現した。風間が数えたところ、ゲートには中国人に銃を向けた穴が二五あったはずだ。それが描かれていない。本物はレンガ造りで、そこから五〇〇ボルトの電流が流れる鉄条網が、村を守っていた。「要塞のようだった。鉄条網にかかり、中国人は何人も死んだわ」（略）自分たちの満州移民は「聖業」と教えられていたが、反核・平和運動に携《ママ》わり、「銃を持っての開拓は侵略」の思いを強くする。

語る会の準備会で、「反省の一言を、参加者への挨拶に盛り込もう」と提案した。訴えは無視された。（略）上野市生琉里には、満州移民の有志が建てた石碑がある。碑文には「大陸開拓の聖業に奉仕し　今は亡き人々を悼う《（ママ）》」》

記事からは、戦後上野市の開拓村「生琉里」において、「銃を持っての開拓は侵略」の思いを強くする風聞に対する、かつての仲間たちからの「無視」や「誹謗」を垣間見ることができる。ところが、この記事に対して教団の示す姿勢は次の通りだ。

《戦争と敗戦という状況のなかで、自らの生命をかけざるをえなかった尋常ならざる事態に、この記事が指摘しようとした事実もあったであろう。けれども、この記事はそれをもってすべてがそうであったかのような印象を残し、ときに大きな誤解を与える。あたかも、天理教の満州開拓布教が武力的な侵略行為そのものであったかのようである》（『復元』一六八頁）

開村時から続く艱難辛苦の日々、その果てに、敗戦に伴って親は身を切る思いで子を残し、子は親の亡骸を粗末に埋葬したまま北満の地を後にしなければならなかった悲劇を、帰国した開拓民は体験している。こうした現実から目を背け、自らの非を認めようとしない教団の姿勢が見え隠れする。

一九七二年の日中国交正常化以降、天理開拓団の多くが一時帰国を果たし、中国に永住した者には教団として最終的には、救いの手を差し伸べた一端があったのは確かである。一時帰国させ、永住を希望する者には援助を惜しまないといったように。しかしながら風間が指摘するように、いかなる言い分があろうとも国策に手を貸した罪、そしてそれが結果的に中国侵略という国家規模の罪に加担した事実を認められないとあっては、宗教教団としての誠意は世に示せない。

３　七三一部隊と天理村との関わり

単なる一宗教教団である天理教の満州開拓団が満州第七三一部隊と関わっていく過程を、風間博の話を基底として追うことにする。

一九三八年に部隊建設が始められて以来、村の多くの成人男性が研究施設のレンガ積み作業に従事したことは、風間の父の証言で明らかとなっている。細菌兵器研究の部隊でありながら表向きには「防疫給水部」などと名付けられていたので、信者たちが疑いの目を向けるはずはなかった。

ある日のこと、関東軍からハツカネズミを飼育せよという依頼が天理村の小学校に舞い込んだ。小遣い目当てと〝お国のため〟もあり、子どもたちは、競って飼育に励んだ。自分たちが育てたハツカネズミが大量殺戮兵器の媒介となり多くの人々の命を奪う日がくるなど、思ってもみなかった。

ネズミにペスト菌を注入してノミをたからせる。ペスト菌に感染したノミが細菌兵器となる——そのために関東軍はネズミを必要としたのだ。軍は細菌兵器の開発のために、天理村の子どもたちを秘密裏に加担させたのである。

軍医たちは実験を繰り返し、夏、ついに子どもたちが育てたネズミが試された。ペストは周辺の農場や農村地帯にまで拡大した。しかし、首都・新京（現在の吉林省長春市）の知識人は、ペストが流行するのは冬ではないか、とこの事態を訝しんだ。

風間が書きまとめた資料に「ペスト」の項があり、腺ペスト、肺ペスト、皮膚ペスト、眼ペスト、ペスト敗血症の五種類に分別していた。各症状を次のように記録していた。


腺ペスト…感染後三、四日で四〇度を超える発熱とともに、全身のリンパ線がミカンのように膨れ上がり、数日で死亡。脱水症状と高熱によって、屍が真っ黒になることで「黒死病」とも言われている。

肺ペスト…高熱とともに肺炎状態となり血痰を吐き続け、心臓麻痺あるいは肺水腫を引き起こし数日で死亡。

皮膚ペスト…高熱とともに全身には潰瘍ができてたちまち広がり、最後はハンセン病の末期症状のようになる。

眼ペスト…発熱後、顔面がボールのように腫れ上がり、首のリンパ腺が膨れ上がり、激痛ののち死亡。

ペスト敗血症…右記四点の末期に発症、たちまち死亡。


天理村周辺の地域で被害に遭った人々には各々、右記の症状が現われた。事態はただちに平房の部隊にもたらされ、軍医や衛生兵が駆けつけたが、猛威をふるうペストの拡大に彼らもなすすべがなかった。

当然、天理村でも被害が生じた。村人は地元の満州人を雇い、村の周辺で一千頭近くの羊を放牧していた。ところが、繁殖を続け増えるはずの羊の頭数が、いつの間にか減る一方となっていた。村人が気付いたときにはすでに遅く、羊の死骸がいたるところに転がっていた。

慌てた村人は急いで羊を解体し、羊肉は家庭に、剝がされた皮は多量の塩をかけて村内に設置されたなめし工場に運んだ。村では加工した皮で、上着や靴下を製造していたのである。軍にも羊の大量死亡を伝えたが、調査に来た軍獣医は〝原因不明〟で片付けた。七三一部隊からも、家畜の大量死を聞きつけて軍医たちが調査に飛んできたが、彼らも原因不明と村人に告げ、そそくさと戻っていった。村人の食卓には死んだ羊で作った料理がのった。

やがて、寝込む、熱が引かない、体が腫れるなどの症状が村人たちに表れるようになった。駆け付けた部隊軍医はまたもや原因不明と伝えたが、発病者は全員隔離された。

憂慮が広がっていたとき、村人を震撼させる新たな事件が起きた。風間の家で飼っていた馬が突然死したのである。

家の近くに羊の革のなめし工場があり、革が山のように積まれていた。三人の満州人が工場で働いていた。そこへ、馬がよく遊びに行っていた。ある年の四月末、解氷期のころ、突然、この馬が頭を地面に投げ出すようにして苦しみ出し、あっという間に息絶えた——風間はそのときの様子をこう語った。

悲しさよりも、恐ろしさの方が先だった。村人たちは恐れおののき、天理村の関係者が急いで七三一部隊に連絡をすると、黒塗りの車に乗った白衣の軍獣医たちが飛んできた。彼らは馬が死ぬまでの様子をくまなく聞き取ったうえ、馬小屋にも立ち寄り、中の土を持ち帰った。

風間の入植から二年後、一九三六年に家族とともに十一歳で天理村にやって来た相野田健治は、このときの様子を次のように証言している。相野田は風間より一年上級で、竹馬の友だと互いに認め合う間柄である。

「白衣と国防色の防寒着、拳銃を下げて四、五人で来ました。まず馬小屋を見て、馬小屋の土をとって、消毒をしたのです」

羊の大量死の原因をすでに突き止めていたにもかかわらず、彼らは村人に対し原因不明で押し通した。しかし、このときはそうはいかず、羊から伝染した炭疽病が馬の死亡原因となったことを、村人たちに報告した。

関東軍には七三一部隊のほかに、もう一つの細菌戦部隊といわれる「満州第一〇〇部隊」があった。一九三六年に新京にできた「軍獣防疫廠」を一九四一年に改称したもので、一〇〇部隊は七三一部隊による研究成果を中心に、家畜や植物を対象として実験を行っていたという。平房本部ほどの規模ではないが、広大な敷地にはいくつもの研究所が設立されていた。

一連の病は天理村を否応無しに巻き込んでいった。連続して起こる事態に村人たちは不信感を募らせ、隠された何かがあるのではないかと誰もが疑うようになった。

炭疽菌も村内であっという間に伝染、蔓延した。村に調査に入った軍獣医たちは防疫に躍起となり、疑わしい家畜は屠殺され、村が経営する羊牧場やなめし工場は直ちに焼却される事態となった。精魂込めて育てた家畜や、村人たちの汗の結晶である製革工場が、猛火によってまたたく間に燃え尽くされていく様子を目の当たりにし、村人たちは深い悲しみに打ちのめされた。

ほどなくして、革なめし工場で働いていた二人の満州人が死亡し、残る一人もハルビンの病院に収容された。それと前後するかのように、風間の同級生と村で鍛冶屋を開いていた男も同市で入院、その後死亡した。

風間自身にも同じ症状が出始めた。顔がパンパンに腫れ、まぶたも開けられなかった。だが、医者は入院せよとも言わない。しばらくすると、こめかみから膿のようなものが大量に、どんどん流れ始めた。その量は丼鉢の半分にまでなったという。幸運にも、命を失うほどの大事には至らなかった。

白衣の医者たちが再び革なめし工場に調査に入り、この工場も軍命令によって焼却された。天理村の責任者たちは原因が炭疽病であると説明を受けた。急性伝染病で、人間にも被害が及ぶことを人々は初めて知った。事態は天理村周辺の村人たちの怪死に留まらず、ハルビン市一帯の満州人にも被害が出始めた。

「死んだ人の症状は、馬が死ぬ際に呼吸困難になり唸り声をあげ苦しんで死んでいったのと同じだった」

父親を失った風間の同級生はそう証言した。満州人たちもみんな、同じような苦しみのなかで死んでいった。

細菌を打たれた家畜を敵地で放つと相手の軍馬に感染する。そうなると、動物世話係も感染して殺戮できる

――炭疽病は人にも伝染する――一〇〇部隊はここに着眼した。

細菌戦部隊の研究にとって、天理村の存在にはうってつけの条件がそろっていた。だが、天理教団はそのような実情を一度も公表していない。多くの家畜が犠牲になり、村人までが死亡した大事件であるにもかかわらず、《その他腸チフス、炭疽病等の伝染性のものもあるが、防疫完備の結果か、大した蔓延をみず、僅かな数に終わっている》（天理村生琉里教会編、前掲書、三一八頁）と、実に穏やかな報告である。数字の誤差はあるかもしれないが、上記の事態は、七三一部隊が天理村の住民、つまり日本人をも人体実験の〝標的〟にしていたのではないかと考えたくなる。

　子どもたちが育てたネズミは、「ネズミ作戦」と称する細菌戦に使用された。これは、数匹のネズミとふやかした米に付着させたペストを蓋のある籠に入れ、地上三〇〇メートルという低空飛行で敵の食料庫や部落などにパラシュートで落とすという作戦だった。落ちた衝撃で蓋が開き、ペスト米を食べたネズミが逃げ出し、それによってペスト菌は広がるという仕組みである。平房の施設からは、ネズミを積んだ機が飛び立っていたといわれる。

　ペスト菌は目に見えないだけでなく、きわめて強力な菌である。七三一部隊では、絶えざる緊張感のなかでペスト菌混入の作業が続けられた。菌に侵された部隊員も少なくない。代表的な被害地は一九四〇年十月に攻撃された寧波《ニンポー》で、ペストノミをたからせた小麦や綿くずが飛行機で撒かれた。被害を受けた中心地の開明街は、敗戦後このペスト菌が撲滅するのを確認できた一九六〇年代まで、立ち入り禁止区になっていた。

一九四〇年の夏が巡ってきたころ、原因不明の病があちこちで発生した。ハルビンの街中や周辺の地域で、病に倒れ、命を落とす人々が続出した。やがて、病気が腸チフスであることが判明し、人々は大混乱に陥った。腸チフスは、当時ハルビンに十万人はいたといわれる日本人も襲い、市内の病院では収容が間に合わず、ハルビン陸軍病院にまで担ぎ込まれた。

ときを同じくして、天理村でもチフスが流行し死者が出始めた。ハルビン市街地に布教に出かけた大人たちが、袋に入っていた甘納豆を村に持ち帰ったのである。甘いものが不足する時勢で、子どもたちは大喜びだった。だが、この甘納豆を口にした子どもたちが次々と床に伏すようになる。やがて村人は、それがハルビンで発生した腸チフスであることを知った。チフスも蔓延し、次々と犠牲者が出て村人たちはパニックになった。天理村の被害は拡大するばかりだった。農業も不振が続き、一向に成果は上がらなくなっていった。収穫量も減り、子どもたちは栄養失調でやせ細り、消化不良に苦しんだ。赤ん坊に与えるミルクもなく、衰弱していった。

しかし、忘れてならないのは、彼らは被害者であると同時に加害者でもあったことを、大半の村人が認識していなかったことだ。村には近隣から多くの中国人が働きに来て開拓政策に協力していたが、彼らも細菌実験の犠牲になった。しかし、中国人たちに対する村人の同情心はみられない。また、細菌兵器製造の目的が潜んでいた七三一部隊への協力は、たとえそれが内容を知らされない間接的、あるいは軍に協力するのが当然であるという空気からの半強制的なものであったとしても、「せかいいちれつ　みなきょうだい」という教理に反している。開村時の「五族協和」というスローガンも国家の宣伝道具となっていたといえよう。意図せざるとはいえ、天理村の人々が国策に殉じたことによって教団がさらなる飛躍を期待できたことは否めない。ここに、当時の天理教指導者たちの功罪がある。

４　相野田健治の回想⑴——七三一部隊に召集

戦況は日を追うごとに著しく悪化していた。兵士の補充は喫緊の課題となり、天理村でも召集が始まっていた。天理村から召集され、入隊訓練後に七三一部隊に配属となった青年も数人いる。その一人が、相野田である。

二〇〇九年夏、筆者は数人の旧満州天理村からの引揚者を交え、相野田の胸中を聞く機会を得た。天理村から七三一部隊に配属された者は他にもいたが、重い口を開いてくれたのは彼だけである。同行した彼の娘は開口一番、家族には軍隊時代のことは一切触れないし、天理村時代の生活に関してもあまり多くを語りたがらない父だ、と告げた。話させたくはないという娘の思いを筆者は強く感じた。そうした事情もあり、インタビューは相野田の七三一部隊における体験から入っていった。

平房を去る時、「見たこと、したこと、親子でも喋るな」ときつく申し渡されてきた相野田である。部隊について語るのはこれが最初の最後だろうと寂しそうに呟いた。数年前に患った脳梗塞の後遺症で、手足は不自由な身にあって、たっての願いだと娘にたのみこんでやってきたのだと、寂しく笑った。

部隊に配属された当初は、よもや人体実験など行われているなどつゆとも思わなかったという。

「だがね、戦時中のことだから動物実験くらいはつきものだくらいはわかっていたよ……風間はせっせとネズミを飼育していたから」

そう言って、傍らの風間の方に顔を向けた。

風間は、黙って頷いている。

「召集とはいっても……〝マルタ〟を焼くために、薪《まき》を運ばされたんだ……」

それが軍務だったのだから、たまらない――そう言って相野田は目を閉じた。初めて薪を運んだ場には、二百体近くの死体が横たわっていたという。

相野田の傍らで、娘の目は大きく見開いたままである。マルタの意を解せなかったかもしれないが、横たわる屍体に薪をくべたという話だけでも衝撃的な話だったのだろう。

「はっきり覚えていないが、七三一部隊には何人か入隊してるんや。それでも、日本に引き揚げてから部隊内のことを話してくれたんはケンちゃんだけや。こいつは、えらいやっちゃ」

娘の気持ちを慮るように風間が口を挟んだ。風間に励まされ、相野田は次第に口数を増していった。

召集されたのは十八歳、一九四五年五月のことである。敗戦の三ヵ月前だ。それまで成人男子の徴兵検査は二十歳だったのが、戦局の悪化に伴い法改正が行われ、一九四三年には十九歳へ、一九四四年には十七歳へと切り下げられた。満十七歳になれば徴兵検査を受け、召集の対象となったのである。また、徴兵年齢未満の男子は「満蒙開拓青少年義勇軍」(数え年十六~十九歳)のように、兵士予備軍として組み込まれていった。

「五月に召集されたときは西山孝さんと一緒でした。天理村の西門まで家族や生徒に見送られ、ハルビンの七三一部隊、あの悪名高い石井部隊に入隊したのです」

相野田が名前を挙げた西山孝も天理教信者である。風間は、そんな彼らを見送っていた。

「いいや、数名はいたよ」

「いた、な」

風間の言葉に、相野田はこうつぶやいた。

いずれでもいい。大切なことは相野田が「確実に、もう一人はいた」と証言したことだ。部隊内では、よく見かけたという。名前を確認した筆者に「うーん」といったまま口を閉ざした。だが相野田の記憶によれば、二人はまず牡丹江にある軍事教練所に送られ、集められていた同年代の他の兵士たちとともに軍事訓練を受けたことは間違いないという。

二人は一応の軍事訓練を終了するとただちに石井部隊に戻され、当初は細菌の発見を手伝うなど、防疫訓練に当たったという。

「毎日、毎日、顕微鏡とにらめっこでしたわ。あのときはただ言われるままに、細菌ばかり探していたけど、まさかそれが殺人兵器になるとは思わなかったですよ。そうでしょ、誰がそんなふうに思いますか？　部隊長がちょこちょこと姿を見せてたわけが、今になってわかるよ」

相野田の言葉に悔しさが滲んだ。

ある日突然、薪運びを命じられた。七月終わりのことだったと相野田は記憶している。運び終わると上官に呼ばれた。上官が指差す方に視線を向けると、壕の中に何百という屍が放り込まれていた。思わず目を背けた相野田の頬を、ビンタが飛んだ。

「薪を放り込めと言われてね。そんなことを言われてもポンポンと放り投げるわけにはいかない……できる限り敏速に、しかし並べて焚べていった。ようやく終えると、重油が撒かれた。その上にトタンのようなものを被せてね。それから自分が運んだまきに火がつけられていったんですよ……それはものすごい煙でね……真っ黒だった」

そう言って、相野田はしばらく言葉を詰まらせた。

「不思議な、なんとも言えない匂いがしてきたよ。それからは本当に、しばらくは食事が喉を通らない日が続いた……」

以降、来る日も来る日も薪を運ばなければならなかったが、ある日を境に、相野田の作業によりいっそうの拍車がかかった。しかも、棟内の特設監獄そばの中庭には、大きな壕がどんどんと掘られていた。相野田はそこに薪を運んだ。

七三一部隊の中にある東郷神社で行われる慰霊祭に、相野田は楽人（天理教式典の助師）の一人として何人かの人とともに呼ばれることがあった。彼は十五歳の頃から雅楽部隊に属しており、しちりきを奏でていた。衣冠束帯を身にまとった祭官の後に続いて楽人の服装で歩く健治たちを、位の高い軍人や大勢の兵士たちが直立不動で見ていた（なお、慰霊祭という重大な祭典に、なぜ天理教団がこの秘密部隊に招待されたのかは大いに疑問に残るところである）。

「彼らの目の前を、堂々と歩いてね。まるで雲の上を歩いているような気分で……。今思い返しても不思議な体験でしたよ」

七三一部隊に関わる以前の、天理村の村人としての自分を振り返ったとき、「お道（天理教）の教えとは、なんと誉れ高いことか」といたく感激した記憶が相野田の中で甦った。

一九四五年八月九日、ソ連が参戦。日本軍はもはや、細菌兵器を使用する機会はないとの結論に至った。そして、細菌研究をはじめ人体実験の事実が明らかになり国際問題に発展することを恐れた陸軍は、これら施設の一切を破壊するように命じた。

以後終戦まで、入隊浅い兵士たちに「生き地獄」の数日がやってきた。徹底した証拠隠滅作業である。これまでロ号棟の内部には決して立ち入れなかった少年兵たちは、薄暗い監獄で息絶えている捕虜たちの姿に恐れおののいた。へたり込む者もいたが、施設にソ連が侵攻してくるのは時間の問題だった。彼らは犠牲者たちが繋がれていた鎖を引きずり、二階の窓から放り投げた。

相野田には、監獄内で何が起きているのかわからなかった。だが突然、捕虜を閉じ込めた部屋の窓が次々と開け放たれていく。相野田たち新兵は訝っていたが、やがて彼らの耳に、幾多のうめき声や叫びが聞こえ始めた。驚いた相野田は、窓の方に体を反転させた。

「穴に放り込め！　放り込むんだ！」

突然、上官の大声が耳に響いた。だが体は硬直し、動かすことさえままならない。捕虜の死体が矢継ぎ早にロ号棟の窓から飛んできているのだ。生きている人々もいた。

「何をしておる！　急ぐのだ！」

走ってきた上官が、そう言って相野田たち新兵に鉄拳をくれた。監獄で作業が始まったところから、あっという間に死体が重なってくる。ガスで毒殺されたのだろう。息のある人々もいた。相野田の方に見開いた目を向ける人もいて、思わず顔を背けた。

「よし！　火を放て！」

薪運搬係の相野田に怒声が飛んだ……眼の前で繰り広げられる阿鼻叫喚の光景に、少年時代の思い出が蘇った。

「おーい、帰ったで」

父の声は機嫌が良さそうだった。父が久しぶりに家に戻ってきたので、子どもたちは喜び勇んでその胸に飛び込んだ。だがその夜、父が母にこっそりと打ち明けていた話を、相野田は寝たふりして盗み聞きした。驚き、すすり泣く母の声がしばらく耳から離れなかった。

あの夜の母の涙……それが、こういうことだったのだ。少年時代、父や村の人々が十数名で代わる代わる近くの建設現場に労働者として出かけ、一ヵ月ばかり留守をした。父はこの施設の建設に携わっていたのだ。つまり「犠牲者」たちを閉じ込める監獄の建設を、である。

ロゴートー（ロ号棟）……ナナゴー（七号）……ハチゴー（八号）……。

相野田の耳に、あの夜の父の声が遠くから木霊《こだま》のように響いてきた。父は、父たちは……今自分が突っ立っているこの建屋の建設に関わっていたのだ……。目の前の事態にクラクラし失神しそうになったとき、いきなり足元に死体が飛んできた。

我に返った相野田は、体をそらそうと反転させた。回想はほんの瞬間で、先程とまったく変わらない光景が繰り返されていた。

もう嫌だ！　火をつけるなんてできない！——心が命令を拒否し、相野田は泣きながら大きく首を振った。その頬に再び、鉄拳が飛んだ。目の奥から火花が散った一瞬、ある言葉がとびこんできた。

「上官の命令は、朕が命と心得よ(2)」

上官の命令は、〝現人神〟である天皇陛下の命令である。何があっても守らなければならなかった。再び歯を食いしばり、大きく目を見開いて自らくべた木に火を放った。それからの記憶は彼にない。以後、何日も一睡もしないでこの異常な作業に身を投じた。

いつまで、このようなことをし続けるのだろう……。そう思うと、相野田は自分が恐ろしくて仕方がなかった。「ひとはいちれつ　みなきょうだい」という教えに従って、これまで頑張ってきたはずだった。親に聞かされていた異国満州は、夢の大地のはずだった。広い畑があり、羊も馬も放牧できる。やがては自分たちの牧場になる――それを信じて、つらい農作業にも耐え、村建設の幾多の労働もこなしてきた。だが、今の自分はどうだというのだ！「みなきょうだい」を殺し、火をつけ、遺骨を叩き潰し、父たちがこの建物を建てる作業時に砂利を運んでいたときのように、砕いた遺骨をスコップですくい、カマスにつめてトラックの上に放り捨てている……。これのどこが、日本国がいう「五族協和」「王道楽土」であり、教祖がいった「ひとはいちれつ　みなきょうだい」であるのか。満州人を助け、彼らとともに作業にいそしみ、教祖の御心を彼らに伝えるはずではなかったのか……。それが今や、この自分は人の命をまるで、砂や石のように……なんと酷いことをしているのか。

「あしきをはろうて　助けたまえ　天理王命」という言葉さえ虚しくなった。同胞や他国の犠牲者たちの灰塵をどこへと運んでくれるのだろうか――遺骨を捨てた松花江を眺めながら、相野田はぼんやりと考えた。

敗戦前に行われた一連の行為は、戦争犯罪の隠蔽工作である。このことは次節で詳しく述べるが、戦争という大義名分の中での「公然とした殺人」に動員された少年兵たちの鮮明な記憶は、若き日の体験ゆえに命ある限り消え去ることはなかった。

ここまでの相野田健治の回想は八月九日以前、つまりソ連が侵攻してくる前のことである。同席していた風間も、同じ思いを抱いていた。風間は、天理教の教えに疑問を抱く相野田の思いに共感し、思わず『天理教青年会史』を取り上げ、堰《せき》を切ったようにある部分を読み上げた。

「《住みなれた土地を後にして家族共々移住して行ける諸君は、天理教全体の代表者として北満に「ふるさと」を建設すべき使命を帯びた人衆である。決して平々坦々たる道ばかりではなく、言うに言われぬ困難に遭遇せられることであろう。しかし、常に一貫した信念で、全体が只一つの信仰に結ばれ合って、各自の生活にいそしんでもらいたい。信仰によって終始し、あらゆる困難にうちかってもらいたい（中略）これこそ道の今日としての神様へのご奉公であり、また世界に対する勤めだろうと思う》……」（山澤廣昭『天理教青年会史 第四巻』、天理教青年会本部、昭和六十一年八月二十六日発行、一二二～一二三頁）

風間たち第一次移民団を前に、教団本部が贈った言葉である。

「侵略し、挙句の果ては細菌兵器部隊のお手伝いをしたんや。それが〝神様へのご奉公〟なんか？　おまけに、〝世界に対する勤めやと思う〟などと親神さまが言うはずはないわ。これは、中山みきへの裏切りやで」

本を手にし、憤りを抑えながら震える声で風間は呟いた。

相野田による回想では、ソ連の侵攻が始まった八月九日以降で最初の大混乱は十一日だった。

この日、石井部隊長が平房に戻り、恐ろしいほどの形相で部隊員を前に演説を行った。その様子を、昨日のことのように相野田は思い出すことができた。

「七三一部隊の秘密は、どこまでも守り通すのだ！　もしも機密を漏らすようなことがあっては、この石井はどこまでも追いかけて捕まえてやる！」

この言葉が呪縛となり、あの日から六十年以上を経た今も、自分の耳の奥で響いているという。

八月十二日夜、施設内におけるすべての死体遺棄作業は完了した。だがその後、彼らには重ねて過酷な作業が課せられた。施設そのものの破壊である。

施設の周りにダイナマイトを仕掛けるための穴掘りを命じられた。山砲で施設を撃とうとしたが、頑丈にできているためそんなものでは一向に破壊できない。次は野砲だが、それも適わない。とうとう、七三一部隊によって編成されていた細菌飛行隊用の一トン爆弾を数人がかりで施設のなかに仕掛けとして配備し、ようやく施設全体を爆破した。

父たちが作業した建屋を、息子が破壊した。なんという巡り合わせだろう……なぜ自分はこのような重責を背負わなければならないのだ！　これが父のいう親神さまの思し召しなのか。宗教の真髄なのか。罪のない人を生け捕り、実験と称して生身で殺す。それに火をつけ、炙り殺す……いったい、宗教というのは人間にとって何なんだ！——あまりの衝撃にへたりこむ相野田の耳に、遠くから「ドーン、ドーン」とすさまじい爆発音の響きが聞こえてきた……。

注

（１）《一宗教団体が集合移民を入れ自力でこれを経営していこうとするのであるから、その成否は特に注目された。若しこの移民にして不成功に終わるようなことがあれば、真に将来の移民政策に影響するところ大なるものがあるので、関東軍特務部をはじめ、駐哈（哈爾濱《ハルピン》駐在）日満各関係機関は勿論、阿城県当局においても絶大の支援を寄せ、特にその建設には、多年満州にあって農場経営の権威者たる東亜勧業株式会社が、その薀蓄を傾けて当たることになった》（天理教生琉里教会編『天理村十年史』天理時報社、一九四四年、九六頁）

（２）軍隊の規律、軍人勅諭の言葉で「夫兵馬《そのへいば》の大権《たいけん》は、朕が統《す》ぶる所なれば、其司々《そのつかさつかさ》をこそ臣下には任《まかす》なれ」に由来する。

第5章　ソ連参戦と七三一部隊の撤退

開拓団村の羊

第 731 部隊罪証陳列館（1990 年訪中時撮影）

1　証拠隠滅

一九四五年八月九日未明、ソ連軍のおよそ五〇〇〇キロにわたる一斉進撃が開始した。その四年前、一九四一年に日本とソ連の間で締結された中立条約は五年間有効で、期限は一九四六年四月までであったが、もろくも破られた。

連合国は一九四三年のテヘラン会談でソ連の参戦を呼びかけたが、ソ連側は明確な姿勢を示さなかった。しかし、一九四五年二月のクリミア半島におけるアメリカ、イギリス、ソ連によるヤルタ会談において、ヨーロッパ戦線すなわち対ドイツ戦終結後、三ヵ月のうちに日本との戦争を開始することをソ連が言明した。

その背景にはアメリカの要求があった。その理由は第一に、この時点で実験中の原爆使用が可能であるか、アメリカ国内でも決定的な結論が出ていなかったことによる。第二に、アメリカは日本軍との本土決戦を考慮に入れ、兵力を温存しておきたかった。満州や朝鮮へ兵力を注ぐわけにはいかなかったのだ。それゆえに、ソ連軍の力を借りたかった。そして第三に、この時点でアメリカ軍は、関東軍の勢力は健在であるとみなしていた。

四月五日、日ソ不可侵条約の不延長通告がなされた。翌月八日、ナチス・ドイツ軍が降伏し、三ヵ月後にソ連の対日作戦は開始された。

ソ連侵攻を知った軍部の動きはどうだったのか。『新版――悪魔の飽食』（森村誠一、角川書店、一九八八年）、『七三一』（青木冨貴子、新潮文庫、二〇〇五年）、『七三一免責の系譜』（太田昌克、日本評論社、一九九九年）と照らし合わせながら、一九四五年八月九日から十五日までを七三一部隊長石井四郎の行動とともに追う。また本章では、七三一部隊とは平房本部だけでなく、各支部や研究所に至るまでをいう（以下、著者名のみで簡略に表記）。

《ソ満国境におけるソ連軍の異常な兵力集結の報は刻々と大本営参謀本部に寄せられ、日本政府はソ連の対日戦闘開始をもはや時間の問題とみていた。関東軍司令部もソ連軍の大規模進攻を予測し、牡丹江に邀撃の主力部隊を配置する一方、前年末から吉林省の通化に大がかりな兵站基地を建設、「ろ号作戦」と呼んで戦略資材や極秘文書などの通化移送を行なっていた。これにともない、第七三一部隊の一部資材も通化に送られていた。何も知らされなかったのは、一般将兵や中国北東部在住の日本人市民だけで、軍の上層部はソ連参戦の情勢を熟知していたのである》（森村、二七三～二七四頁）

事態を全く把握できていなかった部隊員たちが衝撃を受けるのは、ソ連侵攻の当日、八月九日朝のことだ。午前六時に最初の動きがあった。早朝から少年兵に銃剣術の稽古を行っていた平房本部第二部の実戦部隊に属している松田石男のもとへ、《「ソ連と開戦した。帰って環境整理をしろ」》と緊急召集がかかる。《環境整理というのは、つまり「証拠を残すな」ということだった》（太田、三三頁）。

命令を下したのは部隊におけるチフス研究の責任者・田部中佐だった。以降、〝整理活動〟が開始されていく。

《破壊作業は九日の午前七時に命令された。終わったのは十二日正午。突然のソ連の侵攻で、われわれは本部の壁に穴を開ける仕事をした。黄色薬という爆薬を仕掛けた。本部は外から見ると赤煉瓦だが、中は鉄筋コンクリートでほとんど破壊活動というわけにはいかない。九、一〇、十一の三日間、そうした作業をして、最後にマルタの処理があった。しかし初年兵はマルタを焼くための薪を運ぶくらいだった》（太田、三三頁）

これは敗戦の約一ヵ月前に入隊した初年兵（一九二六年生まれ）の証言である。このとき石井は奉天（現在の瀋陽）におり、平房を留守にしていた。彼の代行として太田澄大佐が総指揮をとった。そして、この日の朝から始まった作業は十二日の午後早くに終了し、《マルタ四百四本の焼却処置が終了しました》と部下から報告を受け、《ほぼ処理の目的が達成された。これで天皇は縛り首にならずにすむ。ありがとう》と太田大佐は答えたという（太田、三五頁）。

石井部隊長は九日の正午、首都の新京にいた。参謀本部作戦課対ソ作戦参謀の一人である朝枝繁春中佐（一九一二〜二〇〇〇年）を軍用飛行場で迎えるためだった。その日、朝枝は関東軍に次のような電報を打っていた。

《貴部隊ノ処置ニ関シテハ朝枝参謀ヲ以ッテ指示セシムルノデ十ヒ新京軍用飛行場ニテ待機セラレタシ》（青木、一七二頁）

青木によれば、当時の参謀総長である梅津美次郎の名で朝枝は電報を打った。梅津はかつて関東軍司令官であり、七三一部隊の責任者でもあった。ただ、太田によれば、この電報の差出名は参謀次長・河辺虎四郎（一八九〇〜一九六〇年）の名となっている（太田、三六頁）。だが重要なことは、資料によって差出名に違いはあれど、大本営の命令に石井が従ったということだ。

《私が苦慮した大きな問題がもう一つの問題。それは世界にもない細菌部隊（別名石井部隊、加茂部隊）にまつわることであった。（中略）八月九日、関東軍からソ連侵攻の知らせを受け、七三一部隊のことを頭に浮かべた朝枝は、あの部隊のことが明るみに出ると累は天皇に及ぶ、と考えた。すぐさま自分で案文を作成し、石井四郎隊長に電報を打った》（青木、一七二頁）

朝枝中佐は決断し、特使として満州に向かった。石井の前に朝枝が降り立ったのは正午過ぎで、ただちに特命を伝える。このときの状況をつぶさにとらえたシーンがある。

《石井は定刻どおり飛行場へ向かい、格納庫前で特使の到着を待った。そして正午過ぎ、飛行機から特使朝枝が降り立った。すぐさま石井部隊長に特命を伝える。「参謀次長に代わって参謀次長のご意向をお伝えします。永久にこの地球上からいっさいの証拠物件を隠滅してください。貴部隊は用意した満鉄の特別急行列車で全員、大連まで退去してください」》（太田、三六頁）

そう言い終え、朝枝は石井に問うた。

《「部隊に博士は何人いますか」

「五十三人」と石井。

特使は飛行機ですべての博士を内地へ「直路」返すよう、部隊長に促した。

続けて、朝枝の厳命を聞き終えた石井はこう答えた。

「それでは帰っておっしゃるとおりに処置するのでご安心ください、と東京に帰って参謀次長へ報告してください」

そう言い残して飛行機に乗ろうとした部隊長だったが、突然思い立ったように踵を返して特使と再度向かい合った。

「ところで朝枝、最後に一つ質問がある。いっさいがっさい証拠を消してしまえというが、世界に誇るべき貴重な学問上の資料を地球上から消すのはまったく惜しい」

この一言には、ここまで神妙な態度の参謀次長代理もさすがに頭にきた。

「証拠は、いっさいがっさい地球上から永久に隠滅してください」

朝枝は断固たる口調で上官の石井に厳命を徹底した》（太田、三六頁）

こうして石井はおよそ一時間、朝枝と立ったままで向き合い、捕虜の処遇を含め細かい指示を出したと言われる。ソ連侵攻の翌日午後のことであった。後年、朝枝はこのときの状況について次のように明かしている。

《一分一秒を争うから、たらい回しにいろんなことをしていては間に合わないからね、ほとんど独断専行だった。（電報も）いちいち作戦課長が考えるヒマがない。（自分は部隊の）内部事情をよく知っていたから。（問題だったのは）結局、人間モルモットだよ》（太田、三七頁）

かつて七三一部隊を担当していた朝枝が人体実験などを認識していたのは当然といえる。それが明るみになっては国際社会で大問題になる。すでに関東軍では敗走が始まっていた。自ら特使として関東軍総司令部に飛んだのは、天皇の存在があったからだ。石井との間で、捕虜に関し交わされた次のような会話がある。

——以下要約——

《「マルタが何人いるか」

朝枝は石井にこう訊ね、細かい指示を出した。

「工兵一個中隊と爆薬五トンを貴部隊に配属するように、既に手配済みにつき、貴部隊の諸設備を爆破すること。——建物内のマルタは、これまた電動機で処理した上、貴部隊のボイラーで焼いた上、その灰はすべて松花江に流しすてること。——

貴部隊の細菌学の博士号をもった医官五十三名は、貴部隊の軍用機で直路日本へ送還すること。——その他の職員は、婦女子、子供に至るまで、満鉄で大連にまず輸送の上、内地に送還すること。このため満鉄本社に対して関東軍交通課長より指令の打電済みであり、平房店駅には大連直通の特急（二千五百名輸送可能）が待機させられています」》（青木、一二九頁）

以後、昼夜を徹する破壊作業は空前の勢いで進められた。急進してくるソ連軍に、何一つ押収されるようなことがあってはならない。そして、朝枝中佐厳命の捕虜の扱いである。

《十日の夕刻から夜半にかけてハルピン市一帯は雨だった……雨中を突いてホルマリン容器がトラックに積み込まれた。何十何百という人体標本が七三一を出発し、夜半に松花江へ向かった。標本は夜陰に乗

じて松花江に投げ捨てられたが、撤収作業を急ぐ関係で全部はトラックに積みきれなかった》（森村、二八一頁）

これまで、関係者の証言によっていくつもの真相が浮き彫りとなっていた。しかしながら、これまで引用してきた森村の著書『悪魔の飽食』における《八月十日の時点においては、「マルタ」の総勢は四十名足らずであったという》（森村、二八〇頁）とある「四十名」という数字には、疑問が残った。なぜなら、彼らが収容されているはずのロ号棟監獄の収容スペースを考えればその数では、あまりにも少ないからである。

同時に、その数からしてある疑念も払拭できずにいた。なぜならソ連戦が目の前に迫り、すでに「細菌戦」の準備が春には完了しているのだ。時期を見誤ったのか、あるいはすでに敗戦を覚悟したのか……。その疑問を森村自身が『新版　続・悪魔の飽食』（角川書店、昭和五十八年八月。以下、森村『続』と記す）において解消させてくれていた。

《六月から七月にかけて、「穴掘り騒動」「憲兵騒動」「特攻隊騒動」の、三つの不思議な「騒動」が持ち上がった。まず、ロ号棟中庭において大がかりな穴掘り作業が始まった。深さは一メートル弱。幅二メートル、長さ十メートル近い水を貯める濠のようなものが掘られはじめたのである。この穴掘り作業には、マルタ数十人が使役として動員された。突然の穴掘り作業光景を見た下級隊員らは「いよいよ七三一もソ連を相手に徹底抗戦か……」と思った。かねてより部隊上層部から「周囲敵に満つるとも七三一は平房において細菌を用いたゲリラ戦を行う」と聞かされていたからである》（森村『続』一九～二〇頁）

また、森村はその著で、隊の元写真班員の一人が《早々と撤収の手筈を整えている……穴はマルタの死体を処理するものに違いないという噂は、一部に広がっていた》（森村『続』二〇頁）と証言していることを記している。ここで、気になる数字の「マルタ四十名」に戻す。

《運輸班員が「七三一撤収近し」を明確に悟ったのは、マルタの護送任務を通してである。一九四五年八月一日午後のことである。運輸班員らはハルピン日本領事館地下室へマルタの受領・護送のため、車を走らせた。（中略）三三年型ダッジを走らせて日本領事館門内に到着すると間もなく、地下室から「四十本のマルタが現れた」（元運輸班員の証言）全員が男性ロシア人であった。（中略）護送任務に当たる憲兵に急かされて特別車に乗りこむ際、マルタの手足で鎖錠がぶつかり合い、冷たい金属音を発した。（中略）「四十本のマルタを積んだ特別車は三十分後に平房の七三一本部建物に姿を現した。」（中略）停車した特別車のドアを囲むように六人の七三一隊員が、マルタの降りてくるのを待ち受けていた。第七三一部隊診療部矢吹技手以下の軍属である。一人の隊員の手の中で注射器が光った。六人の隊員は、これから何が起こるかを、熟知していた》（森村『続』三〇～三二頁）

隊員が手にする注射器には青酸化合物の液体が入っていた。彼らは足枷のチェーンを手につかみ、バスから降りたロシア人捕虜の腕に、針を突き刺して行ったのである。

《一ccたらずの青酸化合物を注射する……どさりとひっくり返るやつを、またもや足枷の間をつかんで地面の上をずるずる……これが四十回繰り返された。特別車の陰はみるみる死体の山になった……予防注射

だと騙しての続けざまの毒殺だった》（森村『続』三三頁）

石井の思惑がそうさせたのか、護送される捕虜の数は一回につき三十～四十名であったという。日本領事館地下に捕らえていた四十名の捕虜たちは、たちまちのうちに毒殺された。もはや実験の必要性は失われたということを意味するが、七三一部隊は彼らを解放するわけにはいかなかった。これは、敗戦に向けての撤収作業の最初のステップだったのである。

だが、ここで矛盾が生じてくる。朝枝が、捕虜の数を石井に尋ねた日は八月十日だった。森村による記述では、四十名の虐殺は《八月一日》となっている。あるいは、大混乱に陥った八月十日午後のことだ。場所や時刻について証言に違いが見られる背景には、それだけの騒乱が生じていたともいえる。

再び、八月十日の七三一部隊本部に話を戻そう。森村は、《七三一部隊が撤収の態勢に入ったこの日、部隊ロ号棟屋上に姿を現した二人の男たちの行動を、克明に追うことにしよう》（森村『続』五〇頁）と、この日を次のように如実に描いている。

《「リューベ（立方米＝㎥）はどれほどになる」

大尉は、同行した軍属に声をかけた。

「小屋一室の面積が二間×一間半見当とみてまちがいないようでありますが」

「だから……一室のリューベはいくらになるか」

「室の天井までの高さは二メートルくらいですか」

「そのようだな。目見当でいい」

「二間が約三メートル六十、一間半で約二メートル七十、高さが二メートルとします。……三・六〇×二・七〇×二＝一九・四四〇平方メートル……ざっと一九・五リューベ見当と思われます」

（中略）

「確実を期してその倍量を打《ぶ》ち込もう……そうだな、比重計算で一室当たり四〇グラムも打ち込めば完璧だろう」

「はっ、用意にかかります」》（森村『続』五〇～五一頁）

二人は三角フラスコに青酸ガスを詰めていった。準備を終えると、彼らは捕虜が収容されている二階に上がっていった。この二人は、一体何者だったのか……。


《「もしマルタたちが、白衣の方にぶら下げて歩み寄ってくる男たちの防毒マスク姿を見たなら全てを悟っただろう……またマルタたちがあらかじめ二人の男の正体を知っていたなら、それだけで絶望に打ちのめされたに違いない。

なぜなら、ふたりの男は七三一の隊員ではなかったからだ。彼らは関東軍第五一六部隊から派遣されてきた」関東軍第五一六部隊！　満州に〝恐怖の名声〟をとどろかせた毒ガス部隊である。正式名称を関東軍化学部第五一六部隊という。二人の男たちは五一六部隊の技術将校と軍属であった……》（森村『続』五四頁）

《二人の毒ガス部隊員は、最初の独房の前で立ち止まり、〝覗き窓〟から独房内部をうかがった。狭い部屋に四人の男「丸太」が押し込められていた。夏場のことで上半身裸体に近い「丸太」もいた。彼らは独房床の上にすわり、密談を交わしている気配であった。二名の五一六隊員は、開閉自由の〝覗き窓〟から その様子を見てとるや、袋の中から青酸液化ガスの入った三角フラスコを手早く取り出し、独房の中へ投げ入れた。三角フラスコの割れる音と同時に「ガスだ！　逃げろ」と叫ぶ「丸太」たちの大声で、独房内は騒然となった。五一六隊員たちは、長靴を鳴らしながら、独房から独房へ駆け巡り〝覗き窓〟を開き、つぎつぎと三角フラスコを投げ入れた》（森村『続』五九頁）

囚われた人々は力尽き、次々に絶命していった。

ところで、〝すべての痕跡は残すなかれ〟という参謀総長の厳命に対し、石井は最後まで、研究データの持ち帰りに食い下がった。そして、後述するように密かにその一部を日本に持ち帰ることに成功した。

「破壊命令」は記録においてもまちまちであるが、それだけ大混乱に陥っていたということであろう。《一説によれば、すでに七三一の幹部は各支部に飛び通化移転指揮を行っていた》（森村、二七五頁）と言われるが、それを物語る証言がある。七三一部隊に少年兵として志願し、戦後は八路軍（紅軍の一組織で、中国国民革命軍第八路軍の略称。一九三七年から一九四七年まで存続）に捕らえられ、七三一部隊の悪行を告白して中国戦犯として撫順《ぶじゅん》戦犯収容所に収容されてのちに帰国した元七三一部隊員だ。

《敗戦まであと二ヶ月という四五年六月、私は、通化へ移動していた一二五部隊軍医部に帰隊するよう命じられました》（篠塚良雄『日本にも戦争があった——七三一部隊元少年隊員の告白』、新日本出版社、二〇〇四年八月発行、一〇五頁）

敗戦を迎えた日、彼に七三一部隊の上官から指令が下った。

「《『七三一部隊は建物と資料を焼却し、関係者は朝鮮半島を通って日本に帰国するため列車に乗り込んでいる。お前もそれを追っかけろ。決して捕虜になるな。捕まった時はこれを飲め』そういって、青酸カリの入った小さい包みが渡されたのです》」（同上、一〇六頁）

2　石井部隊長の動向

石井はソ連参戦のニュースをいつ、どこで知ったのだろうか。石井は来たるべきソ連との最終戦は細菌戦しかないと、この年の春には細菌兵器の研究を終了させていた。特使の命を受けた彼が、どのように平房本部に破壊命令を出そうとしたのか明確になっていない。そもそも、朝枝からの電報もどこで受け、誰によって渡されたのか。大混乱となった十日、早朝に関東軍から平房本部の石井にも出頭命令が届いていたにもかかわらず、先述したように石井は新京の飛行場に赴き不在で、代理として副官の一人が関東軍本部に出向いた。

《関東軍司令部から石井部隊長宛に「命令受領に出頭せよ」の連絡が入った。

だが、この時点で石井部隊長は不在であり、行く先は極秘で誰も知らない。部隊幹部は急遽、N副官を航空機で新京に派遣した。（中略）すでに山田乙三関東軍司令官以下各参謀は各地にとび（中略）石井隊長に代わって、出頭したN副官に「ソ連軍の進撃速度は大、関東軍各部隊とも南下し転戦を開始している。

七三一においても独断進行してよし」》（森村、二七六頁）

石井隊長にかわって受けたN副官に対する司令官からの命令は、関東軍司令官による全施設の破壊であった。文中にある《転戦とは、逃亡退却》（森村、二七七頁）のことである。森村によれば、N副官が平房の七三一部隊に引き返したのは《八月十日正午》との記述もある。繰り返すがこの時刻は、新京の飛行場で石井が大本営参謀（作戦課）朝枝中佐と向き合っていたころである。N副官が平房に戻ったのが正午で、以後、施設内は大混乱の極みとなっていく。

石井が七三一部隊に帰ってきたのは八月十日夜、あるいは十一日であったというが、正確なことはわからない。いずれにせよ、ただちに撤収作戦会議が開かれたが、その席上、石井と菊池少将らの意見が鋭く対立したといわれる。その模様は森村（二七七～二七九頁）に詳しく描かれているので以下、要約する。

石井による撤収案は、①七三一の秘密保持こそが最大の問題である、②そのために、ソ連軍の進撃途上にある海拉爾、林口、孫呉、牡丹江各支部の七三一隊員にはすでに派遣している西中佐（教育部長）らを通じ証拠隠滅と全員自決を命じている、③これにならい、東郷村官舎に入居している隊員家族にも全員自決を命じたい、④現在収容中のマルタは一人残らず殺害するとともにロ号棟建物は「完全」に破壊し、部隊施設は工兵隊の手により爆破する、⑤しかるのち少年隊を集め、本隊は完全な統率のもとに南下し、通化に至る――というものである。もっとも、これらの案がすべて朝枝の「厳命」に含まれていたとは考えにくい。

菊池は隊員および家族の自決強要に激しく反発し、大激論となった。菊池は「七三一には有能な研究者が多く、いたずらに自決を押しつけるよりも、支部の救出方策を練ることが先決である」と主張、「隊員の家族は部隊長が率先して内地へ生還させる努力を払うべきである」と激怒したという。最後は石井が折れた。「家族は即刻引き上げを開始。部隊長は各方面に飛び、列車運行の手配、各支部撤退の指揮を取る」ことでまとまり、石井は再び七三一部隊から去った。石井が姿を消す前に終えたことは、①七三一部隊が蓄積した細菌戦準備のための各種資料、膨大な実験データ、菌株などを持ち帰る手配、②七三一部隊からの引き揚げ列車の優先通過手配を行い、ソ連軍による逮捕者が出ないよう手を打つこと（石井はこのため、七三一航空班所属の軍用機をフルに使い、新京、奉天など各都市に飛んだという）、③特別班員の緊急避難の三点だった。

先にも述べたように、特別班員（旧加茂部隊）の多くは石井の故郷出身者であった。この特別班こそが名実ともに七三一部隊の〝核〟を成すものであった。その彼らに「マルタ処理の終わった後は、全員ただちに緊急撤退せよ」と石井部隊長は〝勅命〟を出した。同郷出身者の特別班員を石井は最優先に撤退させたのである。

十一日、石井は平房本部で、次のような行動をしたという。

《石井部隊長は十一日、大わらわの平房に飛行機で戻ってきた。しかし、滞在したのはわずかな時間。長さ約二メートルの軍用行李三つを飛行機に積み込み、すぐさま空路で七三一部隊本部を後にした（中略）行李の中には身を賭しても守らなければならない、よほどの理由があったはずだ。朝枝中佐に言った「世界に誇るべき貴重な学問上の資料」をやはり地球上から消すことができなかったのか》（太田、三九〜四〇頁）

八月十一日といえば、ソ連侵攻からすでに三日が経過している。その時間の経過を考えれば、石井の本部への帰還にどれだけ危険が伴うか想像できるだろう。ソ連軍による身体拘束の危険は大いにあった。そのような状況であったにもかかわらず、石井は自ら資料を持ち出した。危険を顧みず〝世界に誇るべき資料〟を守らねばならない理由があった。それは戦後、ソ連軍の捕虜となった元部隊幹部たちの供述によって存在が世に知らしめられた七三一部隊の最高機密資料である。

同時に、石井は個々の隊員たちに向けて、軍事機密秘匿命令のための最後の演説を行う必要にも迫られていた。すべての証拠隠滅および施設破壊作業完了の報告を受けた石井が、本部に戻って廃墟となった状況を自ら確認したのは、敗戦前日の八月十四日のことである（太田、四〇頁）。このときすでに、退避に向けて列車を手配し、最後まで破壊活動に関わった隊員および本土に持ち帰るべき重要資料をすべて安全に撤退させる手筈を石井は整えていた。

《石井は現場で一連の破壊活動を指揮した太田大佐に厳命した。「二時間後に引き込み線に列車が入るので、残留者全員を撤退させるよう」。こう言い残すと、そのまま飛行機で飛び立ったという》（太田、四〇頁）

撤退準備を完了させた隊員たちは、用意された列車でハルビンから朝鮮近くの通化を経て釜山に入った。そこからは海路で、山口県沿岸の港に上陸して無事帰国した。

隊員たちは研究資料と実験標本は身を呈してでも持ち帰るよう厳命され、退避においてもその責務に対するプレッシャーは想像を超えるものであったことは事実であろう。しかし、敗戦直後から満蒙の地で繰り広げられた混乱のなか、開拓者たちの悲惨な引き揚げの道行と七三一部隊の撤退とは、まったく異なる次元であったことは指摘しておきたい。

日本に持ち帰られた研究資料と実験標本は、ただちに金沢の陸軍病院に運ばれた。後に明るみになった人体実験の証拠データは、石井が命懸けで持ち出した前述の七三一部隊の最高機密資料とともに、石井ら七三一部隊の指導者たちの〝戦争犯罪を免責する〟ための〝切り札〟へと変転していったのである。

関東軍にとって最後の頼み綱となる細菌戦を七三一部隊が仕掛ける余裕もないほど、ソ連軍は猛スピードで侵攻した。残されたシナリオはただ一つ、特設部隊である七三一部隊および一〇〇部隊の存在をこの世からすべて消し去ることだった。建物から実験器具にいたるまで、すべての施設および備品について徹底した証拠隠滅を図る以外にないところまで追い詰められていたのが、一九四五年八月十日の平房であった。

満州の防衛から始まった関東軍の任務はその後、傀儡国家・満州国の建国に中心的な役割を果たし、拡大を続けた。しかし時代は激しく動き、八月九日のソ連侵攻開始前に関東軍にはすでに反抗する力もなく、防御戦さらには撤退へと転換せざるをえなくなった。細菌作戦の展開も想定して七三一部隊を編成した彼らが、細菌兵器を使用することなく。

一九四五年の春以降、北満の開拓者までもが次々と召集され、村には老人や女性、子どもだけがとり残された。関東軍の計画は戦況を反映し、防衛ラインを縮小して朝鮮国境を死守するのが精一杯になっていた。しかし彼らは、ソ連軍の侵攻状況も関東軍の防衛計画も、一切の情報を開拓者たちに知らせなかった。関東軍弱体化という情報がソ連に漏れることを恐れたのが理由だった。ここに開拓団の幾多の悲劇が生まれる要因がある。

一九四五年八月十日正午に石井と会った朝枝はいったん東京に戻り、終戦から四日が過ぎた十八日、もはや〝まぼろしの首都〟となった新京の飛行場に降り立った。彼には、最後の重大な任務があった。いうまでもなく旧関東軍の後始末である。だが、新京はすでにソ連の手に落ちていた。朝枝は捕虜となり、シベリアへと送られた。

3　相野田健治の回想(2)——撤退作業

ここで、天理村から七三一部隊に召集されていた相野田健治の記憶によって立ち戻ってみよう。次節で相野田が証言するように、彼は撤収に伴う最後の〝処分〟には関わっていない。軍務で平房を離れていたからだ。しかし、相野田の記憶によれば、彼が加わった大がかりな遺体処理作業の始まりは撤収処分以前、七月に入ってからのことである。となると、この時点で平房の施設でもソ連戦準備のためのさらなる実験が、急速に進んでいたことが十分に考えられる。この点についても森村の書には、詳しく書かれている。

《ペスト菌を中心に、井戸水や貯水池に投げ込むチフス菌、コレラ菌、河や牧場を汚染する脾脱疽菌を、向こう二ヵ月間大量生産せよ、命令が下りてきたのが五月十日のことだった……二四時間体制で生産に入った……その結果、ペスト菌だけで二〇キロ近く製造したと思う……貯蔵してあるものを含めると、乾燥菌を合わせ百キロに達したのではないか……（中略）……もし全部を理想的な方法でばらまけば地球上の人類はことごとく死んでしまう（元隊員の話）量に達していた》（森村、二七二頁）

ソ連戦に備え、関東軍の誇る「秘密兵器」であったペスト菌やその他の乾燥菌は大量に用意されていた。しかし、ソ連軍の侵攻によって七三一部隊は事実上終焉を迎えた。

ロ号棟の二階ですさまじい殺人が二人の隊員によって実行されていたとき、監獄の外でも破壊作業が行われていた。その様は第4章で相野田が証言したとおり、八月九日夜から十一日まで、およそ三日間を費やしたといわれる。兵士たちは建屋の壁に穴を開け、爆弾の下瀬火薬（「黄色薬」と呼ばれていた）を仕掛けた。外壁はレンガが積まれていただけだが、建物自体は鉄筋コンクリート造りであったために破壊作業は難航した。重油が撒かれて火が放たれ、施設内の至るところから炎が上がった。さらに、細菌爆弾をはじめ各種爆弾や実験具を破壊、関係書類やレントゲン写真は次々と焼却され、黒煙が上っていった。建屋の地下では燃料入りのドラム缶に導火線で火をつけた。

並行する「マルタ」処理班とともに、すべてが終了したのは八月十二日正午であった。

先述したように、相野田が捕虜の焼却を命じられたのは七月で、その後のことは恐怖のあまり日時があやふやで、どのように進んだかさえよく思い出せない。記憶にあるのは、〝その日〟も恐怖の作業が一段落し、次の命令が来るまで虚脱状態でその場にへたり込んでいると、再び上官の命令が響いたことだ。

「全員、集合！！！」

よろよろとした足取りで皆が上官のもとに寄っていくと、上官は直立不動で身じろぎせず言った。

「いいか、よく聞け。今後はこれから言う三点を忠実に守るのだ！」

しかし、つい今しがたまで捕虜に火をくべ続けた相野田の耳には届かない。忠実も何もない、早くこの役目から解放されたいと心が叫んでいた。かすかに記憶しているのは、「ここで言ったことに関しては、一切口外ならず」と申し渡されたことだ。

そんなもの言われなくたって、誰が話しますか。怖くて話せやしない——相野田は思った。口には出さないが、解散した後の皆の表情もそう語っていた。

その夜、戦争もこれでいよいよ終わりのときが来たのではないかと皆でひそひそ話した。相野田がぼんやりと聞いた上官直々の最後の命令とは、①七三一部隊に属した事実および軍歴は隠すべし、②戦争終結後は、一切の公職に就かざるべし、③互いの連絡はこれを固く禁ずる、である。

八月九日のソ連参戦時、あるいはその直前から、七三一部隊の施設破壊工作は始まっていた。そうなれば、相野田が訓示を聞いたのはソ連侵攻以前ということになる。実際の証拠隠滅作業が九日午前中から始められた班もあったことは先述のとおりである。だが、時間を忘れるほどの悪夢のような作業のなか、従事した人々の証言は一元的ではない。

八月十六日、石井は平房からおよそ八〇〇キロ離れた大連に降り立った。ここには大連衛生研究所があった。石井の目的は、破壊後の平房本部を撮った写真の現像であった（太田、四一頁）。その夜、新京に戻った石井は駅で、平房から来た列車「家族車」に乗り込んでいた者たちをホームに降ろさせ、自ら演説をぶった。その主旨は「一切、口外ならぬ」――墓場まですべて持って行け、という命令であった。

相野田は証言のなかで「七三一部隊」とは言わなかった。最後まで「石井部隊」で通した。「石井部隊時代のことは何でも語りますよ」相野田はそう言った。

二〇〇九年、風間とともにそう言ってくれた相野田がただの一度だけ、口を濁しながら曖昧に話そうとした一つの〝光景〟がある。それを自分の目で見たのか、あるいは帰国の途上で元戦友たちから聞かされたのか問う筆者に対して、明快に答えようとしなかった。だが、森村が相野田の証言内容とほぼ同時期の様を記しているので、本節で最後に引用したい。

《終戦の年、七月のことである。実験場に到着した特別車から降ろされた「丸太」をみて、さしもの七三一部隊も一瞬、息を呑んだ。「丸太」はロシア人母子だった》（続森村、六九頁）

証言者によると、母親は三十歳くらい、女の子は三、四歳だったという。相野田が触れたこの光景は、おそらく彼自身が目にした光景であろう。なぜなら、彼が初めて捕虜虐殺の作業――実験済みのマルタに薪をくべる――のも同じ時期だったからだ。だが、母子が虐殺される場面は目にすることはできなく、森村が記した次のシーンは、おそらく仲間から聞かされたのだろう。

《「いよいよガスが注入されるという間際に、母親の元にうずくまっていた女の子が、不思議そうに顔を上げ、ガラスの内側から周囲を見回してねえ……あどけない目を向けたその小ちゃな栗色の頭を……母親がそっと両手で押さえるんだよ。女の子は素直に母親の身体に頭をすり寄せて、静かになった……そこへガスが噴き出してきたのだ」――ガラス張りの小さな箱の中で、母親はちからいっぱいわが子の頭を床に押しつけ、充満してくるガスから少しでも子供を庇おうと、懸命に努力を払った。（中略）間断なく噴出する青酸ガスの魔の触手が、まず女の子をとらえ、続いて母親の息の根を止めた。（中略）「ひどい話だが、この時のおれの仕事は……ストップウオッチで母子絶命の時間を計ることだった……子どもの頭に置かれた母親のやわらかな掌……三十七年経った今でも、あの光景はまぶたにこびりついて離れない……」》（続森村、七〇～七一頁）

この時期の相野田の任務は、次々と繰り返される実験の犠牲者たちの処理であった。七三一部隊関係者が敗戦を予知し証拠隠滅の必要性を感じたのは、先述したようにこの後のことである。

４　相野田健治の回想(3)――帰国へ

東郷部隊（後に七三一部隊）は天皇によって承認された部隊である。天皇に〝罪過〟が及ぶことは、何があっても避けなければならなかった。

すべての破壊工作がほぼ終了した八月十三日、石井は再び平房本部に戻った。このときの大本営参謀本部は、ソ連軍がいつ襲ってきてもおかしくない状況を把握していた。満州全土が緊迫感に包まれていた非常時だ。なぜ石井は再び戻らねばならなかったのか。

青木（一七九頁）によれば、石井が残した「一九四五終戦当時メモ」の中に七項目のことが記され、その一つが「運搬積込」だった。石井の狙いはここにあった。八月十一日に戻った際、行李三つに最小限の資料を詰め込み、急ぎ立ち去ったことはすでに述べた。だが、十三日に部隊へ戻った際には、研究データやワクチンまで持ち帰ったとされる。すべての施設が破壊され大炎上するさなか、石井の命を帯びた誰かが必死で隠し、保存していたのであろう。

石井は破壊の様を目の当たりにし、それを確かめたうえで、すでに《平房からの鉄道引込み線が敷かれた第七三一部隊「石炭山」の横に、「総員集合せよ」の命令が発せられたという》（青木、一七六頁）。

ただ、これに関していえば、相野田の証言とは異なっている。彼は建物の中に集合し、上官の命令を聞かされたと言った。当時十八歳で最下級の一兵卒であった相野田は、石井の前に出ることはできなかったのか。どちらにしても、石井そして相野田の上官にしろ、繰り返す言葉は〝七三一部隊の秘密は墓場まで持って行け〟

という厳命に尽きた。

石井が七三一部隊について箝口令を敷いたのは、彼自身が戦犯になることを心配する以前に、《石井部隊のことが米軍にばれたら天皇にも累が及ぶと案じた参謀本部からの命令だった》（青木、一七七頁）

その後、石井の約束どおり列車は到着し、全員が平房を後にした。残留部隊は一人残らず漏れることがあってはならない部隊だった。もちろんこの中に、相野田も含まれていた。

石井も朝枝の厳命には忠実に従っている。だが、資料隠滅には従っていなかった。

相野田は次のように語る。

「八月九日のソ連軍参戦後、ただちにマルタ全員を処分することになったが、自分はそれに従事していない。その日は、証拠隠滅の爆破に使う黄色薬を関東軍のある部隊に受け取りに行った。トラックに山ほど積んだ火薬の箱にロープもかけず、その上に兵隊が十人ほど乗っていた。その帰り道、走行中に片方の車輪が側溝に落ちたのでさぁ大変……乗っていた兵隊と火薬が地面に投げ出され、兵隊は体を地面に打ち付け痛みに声をあげた。火薬の箱が破れ、目や鼻や口に入りくしゃみは出るわ、咳も出るわ、おまけに煙の煤で苦い。だが、一刻の猶予も許されんときだから、急いで積み直し、再びトラックに飛び乗ったよ」

施設に戻った彼らは、命令通りただちに隠滅の爆破作業に取りかかった。犠牲者たちの最期の話は、母国に向かう船の中で聞かされた、と相野田は語った。

「マルタを入れていた建物をタガネとハンマーで穴を開け、掘った穴にその火薬を詰めて爆破しようとしたんだが、小さな穴が開いただけ。マルタを入れていた建物は、外側は赤レンガを積んでいたが、その中は分厚い鉄筋コンクリートだったからね。簡単には爆破できんよ。そこで砲兵がやってきた。砲撃を繰り返しても着弾したところだけが少々大きめの穴が開いただけでどうにもならんかった。後で聞くところ、飛行機から爆弾を落としても簡単には破壊はできんかったらしい」

このとき四百人はいたといわれる捕虜たちの監獄部屋には、次々と毒ガスが注入されていった。唸り声を上げ、喉を掻きむしりながら絶命していった。絶命しない者は銃殺になった。死者となった人々を、すでに用意された大穴に投げて放り込んでいく。それから重油をかけ、火をつけた。「はやく燃えろ！」と口々に叫びながら、男たちは必死で火を放っていった。船中で男たちは、そういう己を誇り、悔いていたという。

「それが、なかなか燃えないんだよ……」

相野田には、彼らが話す作業の状況が手に取るようによくわかったという。先述したように、相野田自身が七月にこの作業を経験していたからだ。船中の男たちと同じように、早く燃えつきてくれることばかり念じていた。時間の流れがあまりにも遅く感じられたという。

「燃え尽きるのを待たずに、最後は土をかけて、その場を離れたというんだから……残酷きわまりないよ。人間じゃないよ、ね」

相野田が乗り込んでいた爆薬運送のトラックは、爆薬を降ろした後は生体標本の搬送のために使われた。実験の後、ホルマリン漬けにした膨大な人体臓器の部分である。それらのほとんどがこのトラックによって運ばれ、松花江に投げ捨てられた。

七三一部隊全員がすでに撤収した後、十七日に平房に入ったソ連兵たちが目にした光景は、瓦礫のなかにそそり立った二本の煙突だけだった。煙突は破壊するには頑丈すぎ、撤収に間に合わなかったのである。後世に残されたわずかな部隊の足跡だ。そして、広大な破壊場所には大量の動物も取り残されていた。ノミやハツカネズミも掘られた穴に投げ込まれ、重油を浴びせ焼却したはずだが、絶滅には成功しなかったのだ。

青木（一七八〜一七九頁）によれば、《大量のネズミやダウリアハタリスが出てきて走り回り、ウサギやモルモットなどの小動物も大量に見つかった。付近では病気にかかった牛、羊、山羊、その他の家畜の群れ、ラバ、ロバが放棄され、数百匹の猿がうろついていたとも伝えられる》。

七三一部隊の敗走からおよそ一年後、一九四六年六月末から九月末にかけて、平房付近全域は猛烈なペストの流行に襲われた。《第七三一部隊から逃げ出したネズミとノミによるペスト流行である》（森村、二九二頁）という。証拠隠滅作業が完全ではなかった事実と、意図せざる細菌兵器の使用を意味している。

部隊施設の破壊が完了した夕刻以降の相野田の行動は、先に述べた石井の命令で上官が進めた七三一部隊全体の撤収行動の流れに沿ったものであった。

「貨物車百輛はあったな……食料、書類、トラックも、詰めるだけ積み、自分たち兵隊は積み上げられた荷の上に飛び乗り、急いで平房を出発したよ。やっとのことで建物を爆破してからそれほど時間は経っていなかったように思う。列車の先頭、真ん中、後ろと三台の機関車を取り付けて動きよった。朝鮮に入ったのは八月十八日か十九日だったと思う。ここにソ連兵が侵攻していると列車のなかでは皆がささやいていたが、ソ連兵は一人もいなかった。引っ張ってきた荷物ともども、釜山から全員で出港した。それからは山口県の仙崎と萩の二手に分かれて下船した。我々は萩に上陸したんだよ。八月二十六日か二十七日だった気がするね。七三一部隊は陸軍直属の部隊だったからだろうよ。情報や連絡は正確にキャッチできていたんだろうな……釜山から乗った上陸用船艇五隻も軍本部がチャーターしてくれたらしく、船待ちなどせずさっさと乗れたんだ。だけど、支隊の隊長や将校は、ソ連の捕虜になって軍法会議にかけられているよ」

相野田は淡々とした口調だったが、天理村に話が及ぶとトーンが下がった。七三一部隊に属していたため部隊と行動をともにしなければならず、村に戻ることができなかったのだ。それが幸いし、他の開拓民とは別次元の扱いを受け、帰国の道は迅速かつ平坦なものではあったのだが。

しかし、父も加わった作業によってできた施設が、また自分が働いていた施設が次々に破壊されていく様を見るにつけ、その虚しさと儚《はかな》さを感じていた。同時に船中では、多くの帰還兵がそうであったように、想像もしなかった敗戦と自責の念から落胆と喪失感に覆われ、惚けたように心の中で教祖《おやさま》に許しを乞い、時にボソボソと話す元隊員たちの経験をぼんやりと聞いていた。相野田の宗教に対する疑念が生じたのはこのときからだ。

上官は部隊の秘密は墓場まで持って行け、と命令した。自分は天理教の教えを信じ、ここまでやってきた。なのに、教えに背き悪魔のような行為を働いてきた。日本は負けた。これから先、自分はどのようにして「悪しきを払って」いけばよいというのか——のたうち回りたいほどの後悔の念に押され、相野田には帰国の喜びなど微塵もなかった。

「天理村の皆には、そりゃ本当に申し訳ないことをしたと思っている。苦労もせず帰国したんだからな。だけどさ、隊にいたときはそりゃ、苦しんだ。その〝おかげ〟と言っちゃいかんだろうけどな……」

相野田はそう言うと、後は言葉が続かなかった。だが、無蓋車に乗り、どこへ行くとも知れず隊の兵士たちと移動したあの夏の日、彼は発狂寸前であったという。

無事に帰国を果たした相野田は、信州・松本の叔母の家に身を寄せた。運良く運送会社に職を得たが、戦時中の苦悶が彼を束縛した。やがて、彼の父も他の満州開拓民と同じように苦難の末に帰国した。その後は新たな開拓地への入植に心が動かされ、検討の結果、再び家族で伊賀上野の開拓地へ移住することを決めた。それからは七三一部隊の悪夢を追い払うかのように過酷な開墾作業に没頭した。だが、開墾も落ち着き時間の余裕が出てくると、忘れようとして時を重ねた分だけ、自責の念は深まっていった。

「だから、というのはおかしいかもしれんが、部隊のことはずっと言えなくてね。これまで何かと調査の協力を求められたが、一切言わなかった。でも、子どものころから苦労をともにしてきた風間博が、教団本部に『間違いを正せ、侵略行為を認めろ』と訴え続けるのを見て、いよいよ黙ってられなくなったんです」

戦後一貫して本部の戦争協力を謝罪せよと追及していた風間には、七三一部隊へのこだわりはなかった。問題はなぜ父が協力したのか、さらにいえば、教団が父たちのような善良な信者たちを作業現場に送り込もうとした背景には何があったのか、それを追及するのが自分の使命だと考えるようになっていく。厳重な警戒を敷いたはずの施設に天理教信者を迎え入れ、作業と引き換えに過分な報酬を用意したこと――確かに、満州人も施設には入っている。だが、彼らのほとんどは殺された。一方で、信者たちは誰一人として犠牲にはなっていない。それを裏付けるかのような証言が次にある。

《当時七三一部隊の周囲で苦役に服していた五〇〇名余りの満州人労働者の生き残りは皆、七三一部隊が二年余りの準備を経て、一九三九年初めにその大規模な軍事工事を終えたのを目撃している。四方楼が使用される前、石井四郎は秘密工事に携った三百余名の満州人労働者を全て殺害させた》（戦争犠牲者を心に刻む会編『七三一部隊』東方出版、一九九四年、一三七～一三八頁）

軍部と教団本部の間で、何らかの申し合わせがあったのではないかという疑念が払拭できないと二人は言う。

「風間は自分と違って、悪魔の行為に加わってはいない。頑固なやつだけど、えらいよ、頭がさがる」

二〇〇九年八月、相野田は伊賀上野で筆者にこう語った。風間を見ていると、黙してはならない事実を伝えていくことで教祖中山みきへの思いに応えることができるのではないか……いつのころからかそう考えるようになった、と。

　七三一部隊本部の施設を去った日、くすぶる瓦礫のなか二本の煙突が部隊の大罪を天に知らせるかのように突き抜けていた……相野田のまぶたにはっきりと刻まれた光景だ。

「証拠のすべてをこの世から一切隠滅せよ」との命令で破壊された施設。無蓋車からゆっくりと遠ざかっていく大廃墟、その隙間をついて視界に入る、わずかな施設の残骸物。

「それでも残っているんだよ、すべてを破壊したはずだったのにね……」

　戦争の証拠を完全に消すことはできなかった。混乱する意識のなかで、次第に遠ざかる二本の巨大な煙突が涙で霞んでいく。周囲の男たちも無言だった。目を閉じている者、涙を流している者もいた。相野田はあふれる涙を抑えられず、ついには膝を抱きかかえ、慟哭した。

　するとどこからか、声が聞こえてきたという。

「あしきをはろうて　助けたまえ　天理王命……」

第6章　天理村からの逃走——ソ連国境の状勢そして敗戦

元満州天理村生琉里教会（1990 年訪中時撮影）

風間一家が住んだ家（1990 年訪中時撮影）

これまで述べてきたように、帝国主義的侵略戦争という戦時的背景にあって、日本政府は国策として満蒙の地に武装開拓団として送りながら、戦況が不利になると彼らを単なる民間人として扱い、何らの救済を図ろうともしなかった。《ソ連軍の急襲により、もっとも悲惨な打撃をうけたのは、国境地帯近くに配置されていた日本人開拓団はじめ、居留邦人たちであった。かれらは対ソ静謐保持のため戦略的に放棄されていたのである》（朝日新聞社朝日ジャーナル編集部『昭和史の瞬間（下）』朝日新聞社、一九六六年、一三二頁）とあるように、開拓団の人々は日本政府に捨てられ、関東軍にも置き去りにされるなか、想像を絶する艱難辛苦の道を歩まねばならなかった。そしてついに、天理村にもソ連軍は入ってきた。

１　開拓団の悲惨な状況

一九三四年十一月四日の第一次移民、三五年十月三日の第二次移民に（二十家族総勢百十二名）、そして終戦三ヵ月前の一九四五年五月に最後に入植した第十二次移民まで、総勢二千人近くが天理村へと渡満した。移住者たちは天理村の拡張整備や農作業に従事する一方、布教活動にも精を出した。匪賊の巣窟といわれた北満の地で、満州人への布教は並大抵のことではない。彼らは、警備とともに布教に出かけたといわれる。やがて満州人のなかにも天理教に親しみ、入信する者も出てきた。天理村周辺の人々は村の住民と交流し、互いに信頼が生まれ、友好関係が築かれていった。

敗戦が間近に迫っていた天理村が、教団本部の機関紙「天理時報」に掲載した記事がある。

《村は今、除草決戦の真最中です。われわれは北満の気候風土にもすっかり慣れ、母なる大地に抱かれて

いよいよ元気旺盛です。（中略）八月には名物天理村西瓜も豊かに実るでしょう》

（「天理時報」一九四五年八月五日号）

のどかな村の様子がうかがえる記事だが、敗戦の時は刻一刻と迫っていた。この原稿がいつ書かれたのかは定かではないが、戦況を把握していた内容とはいえない。当時は、《八月十四日、ソ連軍飛行機がハルピンの飛行場に着陸したら爆破せよの命令で、それを受けた特務機関兵約百五十名が、民間服を着て天理村にやってきた。部隊本部を教会において、兵隊は民家に分宿させた。私は、到着後直ちに天理村付近の地図を拡大せよとの命令で、その完成を急いでいた》時期だった。（山根理一編著『旧満州天理村開拓民の歩み』前篇　天理時報社、一九九五年、一六九頁）

「私」とは、このとき部隊付書記官として天理村にやってきた教団関係者の土佐敏夫のことである。この動きを考えれば、ソ連の侵攻も敗戦も、天理村を突然襲ったのではないと考えられる。少なくとも、教団としては把握していたことになる。

前章で述べたように、アメリカ、イギリス、ソ連がヤルタ協定に署名したのは一九四五年二月なのだ。四月五日、ソ連は日ソ中立条約の不延長を日本政府に通告し、これを受けた政府は、ただちにモスクワ大使館付武官・浅井勇中佐に帰国を命令した。浅井をシベリア鉄道に乗車させ、その道中にソ連の情勢を念入りに観察させるためだ。

四月十九日にモスクワを発った浅井は、《二十六日タイシェットを通過、極東地域に入るや、各駅ごとに兵員・車両・諸資材が充満し、明らかに集団輸送による渋滞があり、同日午後外蒙方面支線の分岐点たるパプシキン駅では有力な機械化部隊の卸下作業が現認され、外蒙ウランバートル方面への増強が物語られてい》（井出孫六『中国残留邦人――置き去られた六十余年』岩波新書、二〇〇八年、六四頁）る状況を目撃した。
四月二十七日、関東軍は大本営参謀次長・河辺虎四郎中将に対し、次のような電報を送った。

《シベリア鉄道の軍事輸送は一日十二～十五列車に及び開戦前夜を思わしめるものがありソ連の対日参戦は今や不可避と判断される。約二〇〇コ師団の兵力輸送には約二ケ月を要するであろう》（井出、前掲書、六五頁）

同じ内容を、第三方面司令官（チチハル駐屯）の陸軍大将・後宮淳《うしろく》（一八八四～一九七三年）にも知らせている。これを受けた後宮は、ソ連が侵攻してきても関東軍の戦力ではとても阻止できないこと、敏速に外交策によるソ連参戦防止を進めるよう大本営に伝えることを申し添えた。

こうした流れをみれば、関東軍の弱体化はすでに始まっていたといえよう。以後、ソ連参戦の際には、朝鮮国境の通化に関東軍司令部を移動させ、「皇土（朝鮮）」防衛を目的とする指示が出されたのである。

一方で、国策として投じた開拓団の保護は一切論じられなかった。満蒙開拓団の総勢はこの時点でおよそ二十七万人（現地召集された四万七千人を除けば、およそ二十二万三千人）で、その多くが、女性と子ども、そして老人であった。そして他の開拓団と同様、天理村の村民たちには、少なくともソ連侵攻が始まる八月九日までは、敗色濃厚の戦況を知らされることはなかった。

とはいえ、村の幹部たちは敗戦が迫ることを薄々と感じ取っていたという。八月になると彼らは神殿に集まり、対策を練り、村に自衛団を結成した。天理村はいつのころからか「母村《ははむら》」あるいは「本村《もとむら》」と称するようになっていた。《本村に二ヶ中隊、西生琉里には一ヶ中隊の警備隊を配置し、昼夜となく警備についた。武器は小銃百五十、弾薬約一千であった》（利光正彦『伊賀生琉里五〇年史』天理時報社、一九九九年、四四頁）という。村人たちは合宿訓練を受け、いつでも戦える準備をしていた。年配の男性までが次々と召集されていくなかで、残った青年たちは敵の飛行機音がいち早く耳に届くよう村はずれの原っぱで教練を受けた。ある日の夜半、村の診療所を引き受けてくれていた中国人医師一家が村人の目を盗むかのように逃亡した。戦争の状況がただならぬことを村人たちはあらためて察し、ますます不安が募っていった。

同じような空気は天理村（母村）ばかりか、周辺の天理大和《やまと》開拓団においても漂っていた。同開拓団は一九四三年に開村し、六百七十四名で編成されていた。この村は、激しい雨が続けば母村への交通が遮断されるという劣悪な環境にあった。大和開拓団が匪賊の襲撃に遭ったのは、天候の回復を待って親村（母村ともいった）への集合が決まっていたときだ。八名の死者を出した。敗戦時に十五歳だった砂本孝雄は、このときの状況を次のように証言している。

《終戦の二、三日前から満人の様子がおかしく、それでも別に気にもとめず、その日朝八時から私と友人は馬車を仕立てて柳樹集め作業に出ました。柳樹は燃料になるのです。当時天理大和には青年隊組織があり、三班にわかれ二十人ほどがいました。柳樹集めを終えて帰る途中、ふいに土賊〔筆者注・匪賊のこと〕に襲われ、二人は馬車を捨て、命からがら開拓団事務所にたどり着いたのです》（合田一道『証言――満州開拓団の死の逃避行』富士書苑、一九七八年、六九頁）

時期は九月と読みを誤っていたものの、関東軍はすでにソ連の参戦の情報をつかんでいた。にもかかわらず、各開拓団すなわち自国民を救済しようという意志はなかった。「生きて虜囚の辱を受けず、死して罪禍の汚名を残すこと勿れ」で有名な「戦陣訓」には、「皇軍の本義に鑑み、仁恕《じんじょ》の心能《よ》く無辜《むこ》の住民を愛護すべし」（「本訓　其の三」における「第一　戦陣の戒」の七）とある。敵国民に対しても〝哀れみ深く罪のない住民を労うべし〟という意味だ。だが軍部は、「只々《ただただ》一途《いちず》に己《おのれ》が本分の忠節を守り、義は山嶽よりも重く、死は鴻毛《こうもう》よりも軽しと覚悟せよ」という軍人勅諭の考えに基づき「本土決戦」を主張し、「一億玉砕」や「一億（総）特攻」、「神州不滅」などのスローガンを掲げ、内外の国民にその生命の犠牲を強いる作戦・戦略を採用した。

当時の日本軍は戦争戦略一辺倒で、国民の救済などそっちのけだった。だからこそ、開拓団は置き去りにされたのだ。天理村も同様である。歴史に〝もし〟はないが、組織化が進んでいた天理村にささやかでも情報がもたらされていたなら、あれほどの悲劇は避けられていたにちがいない。

村人たちは防空壕をせっせと掘る日が続いた。男手を失った村では子どもたちの手を借りて穴を掘り、空襲に備えざるをえなかった。

敗戦二日前の八月十三日、村からさらに十名が召集された。まだ十代の若者たちだった。風間博もこのなかに含まれ、村には若者たちがほとんどいなくなってしまった。残された女性や子どもや老人たちは、さらに不安を募らせていった。しかし、お国のためにはいかなることがあっても負けないと心に決め、最後は全員「玉砕」するのだと決意を固めたといわれる。

ところが、彼らが召集されたこの日、特務兵百六十五名が村にやってきた。

《十三日突然ハルピンから百六十五名来たが、この中には、土佐総長の弟（土佐敏夫氏、のちの芦津大教会長）の軍曹もいたが、この部隊が配置を終えた時には丁度、十五日で、この日に、終戦の重大放送があった》（利光正彦『伊賀生琉里五〇年史』天理時報社、一九九九年、四五頁）

利光は「十三日」としているが、山根によれば「十四日」で、一日のズレがある。いずれにせよ、混乱が始まった村で責任者たちの記憶に違いが生じてもおかしくはない。問題は、なぜこのときに関東軍の配置が必要だったのか、ということだ。対ソ連の抵抗作戦の一つとして、国境に近い天理村を要塞の一つに入れていたのだろうか。また、兵士の中に教団関係者――しかも上級（上層部）の親族――がいたことにも疑念を抱かざるをえない。

2　風間博の入隊とソ連軍支配下での体験

風間は天理村の一宇開拓団と大和開拓団の青年たち十名とともに撫順の部隊に入隊した。召集から二日後の十五日、敗戦の日である。入隊地に向かったものの、部隊名も部隊長の名前も知らされないまま到着した途端、敗戦によって解散となった。即刻帰宅せよとの命令が下るが、容易なことではない。天理村から召集された十名とともに乗り込んだ汽車は目的地のハルビンまで行けず、首都の新京止まりだった。

やむなく新京で一夜を過ごすことになったが、駅に着いても勝手がわからず、危うく全員が路頭に迷うところであった。しかし、風間は小学校の遠足のとき、新京を訪れていた。一夜のねぐらを求め、風間のかすかな記憶を頼りに皆が歩いた。そのときふと、天理教の伝道庁がどこかにあったことを風間は思い出した。

「もっと早く、思い出せばいいもんを、なぜか頭に浮かばんかった。突然の敗戦で、みんなが動転していたのだ」

戦後七十年経った夏に、まるで昨日のことのように風間は首を傾げた。

新京の町はソ連兵でいっぱいだった。彼らの目をくぐって伝道庁を探すことの危険性と困難さに皆の気持ちは焦った。しかし、行けども行けども目的地には辿り着かない。当然、まだかまだかと仲間にせっつかれた。不甲斐ない自分が情けなく、風間の目から涙がこぼれた。

ところが、途方にくれる風間たちの耳に突然、太鼓の音が聞こえてきた。耳をそばだてながら、音のする方向へとゆっくりと足音を忍ばせて向かった。その音が天理教のものであると確信したとたん、ソ連兵が支配していることも忘れ、全員一斉に駆け出した。

「伝道庁に飛び込んで、初めてわかったことだが、どの列車も新京止まりでハルビン行きは出てなかったんよ」結局、全員がそこで雑務をしながら列車が出るまで滞在することになった。

ハルビン行の列車が再開するとそれに乗り込んだ。しかし、到着するや否や、ソ連兵に捕まってしまう。大雨の中をずぶ濡れになりながら連行された先は、義勇軍が使っていた兵舎だった。そこで風間たちは、思いもかけなかった光景に出くわした。

「驚いたのなんのって、親父がいたんだよ！」

後で知ることになったが、風間が村を離れていた間の九月二十七日、ソ連軍が天理村の男性百三十五人を拉致していったのだ。

「ソ連兵に拉致されとった百三十五人が揃っておったんだ。皆の無事をどれだけ村に知らせたかったか」

どうすれば伝えられるか、風間は疲れた頭で一晩中考えた。とはいえ、名案など浮かぶはずもない。全員が捕虜の身である。

だが、幸いなことにソ連軍が、この百三十五人と風間ら兵隊が同じ村から来ているなど知るわけはない。それに、敗残兵の自分たちは明朝どこかへ連れて行かれるだろう——風間はそう考えた。

十名は翌日に牡丹江へと連行されることになった。ならば、道中〝天理村の駅〟ともいえる三棵樹を通るはず。村の資金も底をつき始めているので、村からは誰かが満州人のふりをして働きに出ているはず……。働ける女性はどこへでも出かけ、働いていたのだ。風間はある策を思いついた。

風間の予想どおり、駅に着くと風間の顔を見つけた一人の女性が近づいてきた。風間は素知らぬふりをして、手帳を破いて書いていた母への手紙を手渡した。

「見つからずにいてほしいと祈ったよ。そうすれば、皆や自分たちも今のところ生きておるんやと伝わるだろうと、な」

幸運にも風間が書いた手紙は無事に村に届けられ、拉致された百三十五名の生存を知らされた村人は喜びの涙を流したという。息子や夫の無事を知った風間の母の喜びはひとしおであった。

その母は後年、息子に語った言葉が以下にある。

「ロスケ〔筆者注・ソ連兵〕が村人を次々と拉致して安否が気づかわれるなかにあって、どんなに嬉しかったことか。それまで、残された村の女子どもは玉砕しか道はないと思い詰めるばかりだったので……頑張って生き抜こう、と皆で励ましあってね……」

3　激変する村

一九四五年八月十五日、天理村ではこの日、生琉里教会の月次祭（月一回のお祭り）であった。すでに重大（玉音）放送があることは伝えられており、祭典時間は早められた。

幾人かの引き揚げ者が残した手記を中心に、敗戦後の村の激変を追うことにする。

《奉唱の祝詞は、大東亜戦争の必勝を祈願し、裏切者ソ連を必ず打ち破ることを祈り、戦時下の増産を祈念》（山根、前掲書、一七二頁）したこの日の祭典には、特務機関兵百数名が参加し、五十五畳敷の部屋は満杯になった。

正午の時を待ち、玉音放送を全員が頭《こうべ》を垂れて聞き入った。しかし雑音が多く、戦争が終わったのか、負けたのか、あるいは停戦なのか、聞き取りにくかった。そのうえ難しい漢語が多用され、その場で正しく理解できた者は少なかったという。ようやく敗戦の事実を理解した村人たちは涙した。同席した関東軍の兵士たちも泣いていた。

その後、ハルビンの満州国皇軍が反乱を起こし、日本軍と交戦中であるという情報も入った。緊迫と不安で、その夜は村民全員がまんじりともせず夜が明けるのを待った。

明けて十六日、村の外周地周辺を警備していた特務機関兵の動きが慌ただしくなった。ハルビン特務機関（関東軍情報部）より、機関兵の引き揚げと武装解除通告の伝令が届けられたのである。不安を隠せない村人たちを前に、天理村出身の機関兵（先述の土佐軍曹）は部隊長に対し、少しの武器を村に残してほしいと頼んだ。なお、先に紹介した『伊賀生琉里五〇年史』の証言と微妙に異なる点は「特務兵」としているところである。だが、「天理村出身の機関兵」の存在は共通であることから、対ソ作戦の場として天理村が何らかの形で関与せざるをえなくなったと考えてもよいのかもしれない。

兵隊が去った後、村の男性たちは残された武器を手にして警備に入った。同時に、天理教開拓団の各村に敗戦の情報が伝えられた。村人の身分は一夜にして、日本人の「開拓者」から「侵略者」へと暗転したのである。そしてたのみの関東軍は、開拓民を置き去りにして逃走した。

以後、天理村の状況は急激に悪化の道を辿った。家畜はいつの間にか持ち去られ、各村は中国人住民や匪賊に包囲され、いたるところで狼煙が上がり、銃声が響いた。そんななかにあってなお、いや過酷な苦難であればあるほど、彼らは天理教のお勤めを続けた。何があっても「親神様」に守ってもらえると信じていた。とはいえ、村では栄養失調に加えてチフスが流行り、日に日に死者が増えていった。

八月二十九日、ソ連軍が村に侵攻した。彼らは天理村に残されていた拳銃や弾薬を手当たり次第に押収し、武装解除を行った。さらには、十八歳から五十歳の男性百五十名を捕虜として連行していこうとした。ただでさえ、男性が少ないことから、このままでは村の治安さえ守れない。匪賊や暴徒化した満州人たちが入ってきて村は絶滅しかねないと、責任者の一人が懇願した。そんな彼らの胸中を知ってか知らずか、ソ連兵は村で責任ある立場の男性十数名と拳銃十丁を村に残して立ち去った。

ソ連兵が去った後、危惧していたとおり、村へは匪賊の襲撃が続いた。彼らは金品や食料を略奪し、暴行を加えていった。死者の数も増えた。天理村の北門から二〇〇メートルほどのところに共同墓地があり、かろうじて余力のある者は埋葬のための穴掘りを続けた。

前述の砂本氏が、非業な村の様子を次のように詳しく語っている。

玉音放送後、天理開拓団は大和開拓団に集合した。それから治安を守るために、青年隊が三人一組で夜の見回りを始めた。ある朝のことだ。《その朝、私たち隊員三人は五時から六時までの巡回をしていました。五時半ごろ、もう東の空は明るく、夜明けを告げていました。突然、銃声一発。私たちは開拓団事務所へ急行したのですが、夜明けとともにまんじりともしなかった人々は緊張感が薄れてほとんどが我が家へ帰るか、仮眠の最中でした。大声で「襲撃だッ」と叫びましたが、部署へつくまもなく銃撃が始まり、二丁の小銃で必死に応戦しました》(合田、前掲書、六九頁)。このとき彼はまだ十五歳だった。仲間の一人は相手を一人撃ち殺すが、最後には凶弾に倒れた。「天皇陛下万歳」と叫んで死んだという。何人もの人々が撃たれ、虫の息になったという。

当時は雨が続き川の増水も激しく、天理村の各開拓団を往来するには小舟を使わねばならなかった。

やがて、天理村には匪賊の襲撃激しく《三百名余りの匪賊らしいものが神殿の東北部の馬寄せにいた馬百三十五馬を略奪しはじめ》、《翌、二十七日からは付近の住民が、豚、鶏その他の物資を取りに来》（利光、前掲書、四六頁）るようになったという。

情勢はさらに厳しくなった。若者は匪賊の襲撃だけではなく、ソ連兵に応戦するまでになった。ソ連兵は毎日のように小隊で開拓団に入り、男性も女性も〝狩って〟いった。追い詰められた村人の中には、《いざという時にと、母に手榴弾を渡し》（合田、前掲書、七〇頁）た人もいる。

匪賊や土賊も来襲し、撃ち合いになった。《まるで戦場です。村全体に異臭が漂いました》（合田、前掲書、七〇頁）。遺体は共同墓地に運んだ。

そうしたなか、九月十六日に村の男性三十五名がハルビン忠霊塔の前で銃殺される事件が起きた。ソ連軍がトラックで村に入り、必死で逃げ隠れするも、残り少ない村の男性たちを次々と捕えていったのである。六十歳以上の老人も、若年の少年もいた。彼らは西門の前に並ばされた後、ハルビンまで連行されていったのだ。前月二十七日にも同様の事件が起き、村人たちは彼らの安否を気遣っていた矢先の事件だった。この日、連行された三十数名（三十三名もしくは三十五名と関係者の記録は異なる）は理由もなく銃殺された。かろうじて生き残った一人、小野寺が命からがら村に戻ってきたことから、事件の真相が判明した。

《ソ連兵の命令により、ハルピンの忠霊魂塔前で十名ほどが引っ張り出された。そこに深い穴が一列に幾つも掘ってあった。その前に直立して一行は目隠しで立たされた。銃殺だ！　と直感した。暫くしていっせいに銃声を聞いた瞬間ジインと肩に焼き火バシを当てられたように感じながら、隣のものが穴の中に落ちこんでいく。自分も共に落ちて行った。ドカドカと音がして、さらに兵隊は自動小銃をバラバラと穴に向かって発射した。そのまま気を失っていたのか、気がつくと空に星が見えた。生きているんだなと思い、辺りを見て「誰か生きているか」と小さく声をかけた。シーンとして返事がない。近くで生きている人がいるようなので、よく見ると原唯男氏だった。原氏を壕より引き上げて一時も早くその場を逃げようと、互いに励まし合いながら歩いた》（山根編、前掲書、二二八〜二二九頁）

深手の傷を負った原は瞬く間に衰弱したが、一刻も早くこの事態を天理村に知らせるようにと小野寺に伝え、二人は別れた。別れの際、原は家族に渡してくれと自分の爪と髪の毛を小野寺に託した。小野寺は、満州人に見つからないよう人目を盗みながら夜半に歩き、カボチャやジャガイモを生のままかじって空腹に耐え、ほうほうのていで天理村に戻ってきた。小野寺から事件のあらましを聞かされた家族らは悲嘆に暮れた。そして、彼らが連行される少し前に、やはりソ連兵によって連れ去られた風間の父を含む百三十五名のことが案じられた（なお、先述したように風間博によってその後、彼らの無事の情報が村にもたらされた）。

ソ連兵が天理村の男性三十五名を連行して銃殺した理由とは何か。一つには、岡山開拓団が天理村（母村）に避難する際に、近くの村民に暴行を働いたと疑われたことが原因ともいわれる。だが突きつめれば、匪賊に対する討伐をはじめとする入植以来の開拓団の武力行為が、敗戦によりその〝侵略性〟を明白にし、中国人の反撃となったことは否めないであろう。

その後もソ連兵による連行は続いた。村に残っている十二歳から十七歳までの少年たちは二十四時間体制で警備に当たった。先述の当時十五歳の砂本氏がまさにそうである。昼間は襲ってくる匪賊にやられ、夜になると狼煙が上がるなど、彼らには恐怖の日々が続いていた。《チャンリー（草けずり）の前の歯をはずして、棒を焼いてたたき伸ばして槍に作りかえたものを持って警備していた（中略）真剣に自分たちが守らなければならないと思っていた》（山根編、前掲書、二三四頁）と言う少年は、このときわずか十二歳である。

北満の秋は短い。冬は駆け足でやってくる。食料よりも防寒着を先に用意せよといわれるほどの厳しい寒さのなか、村の食料は底を尽き始め、主食は米から粟、コーリャン、大豆へと代わっていった。煎った大豆を一合ばかり袋に入れて腰にぶら下げ、空腹を感じると口に放り込む。それが、彼らの一日の食料だった。豆を炊く燃料さえもなかったのだ。《豆腐三丁で幼児を満州人に引き渡した》（風間博の手記）家庭もあった。

寒さを凌ぐため、互いに抱き合って暖をとることもあった。不衛生な環境は伝染病を発生させた。病に倒れても薬はなく、うつろな目で横たわるだけだった。なすすべもなく家族は、そばで見守るしかない。追い詰められた日々だった。そんななか、満州人の襲撃は彼らの目に無情に映った。満州人は物も、若い娘も奪っていった。

匪賊の襲撃も数えきれないほどあり、悲惨な事件も起こった。山根も書いているが、伊賀に引き揚げた老婦人から聞かされた次の出来事は、当時の天理村を象徴する事件といえよう。

——村で動いているのは精米所だけだった。村人たちがかろうじて食いつなぐことができた、最後の命綱である。その精米機のモーターを、匪賊に盗まれる事件が起きた。匪賊の侵入を警戒し、二十四時間体制で見張っていた。事件の夜も、四人の男たちが目を光らせていた。そのうちの一人が夜半、防御用の鎌を小脇に抱えて周囲の見回りに出て行った。残った三人が物音に気付いたときにはすでに遅く、匪賊が飛び込んできた。

「モーターを外せ！」

命令に従う以外なく、三人は黙って作業に取りかかった。モーターを外すと、次は外に運び出せと言う。従わざるをえず、戸外に放り出した。匪賊はモーターとともに三人も連れ去り、闇夜に消えた。見回り中に騒ぎに気付いた男は急ぎ様子を見に帰ったが、ただならぬ事態を察知し、匪賊に気づかれないよう事態を見守るしかなかった——。

こうしたソ連兵や匪賊による拉致事件は相次ぎ、金品や物品も盗むだけではなく、さらに〝隠しもの〟を要求して拷問にかけることもあった。その手法は原始的だった。村人を後ろ手に縛り、革帯やムチで叩きのめして隠しもののありかを吐かせる、あるいは、銃剣の先を裸体に突き刺して吐かせるという方法のほか、鼻から水を注ぐ、体を逆さ吊にして口に水を入れるなど、厳しいものだった。第一次、第二次開拓団の男たちが最も悲惨な経験をしたといわれる。

やがて伝染病も蔓延し、栄養失調のため回復の希望もなく死者は増え続けた。敗戦の年の十一月から翌年三月中旬にかけ、四百人近くの死者が出たともいう。(1) 墓穴を掘ろうにも、凍てついた土地ではそれができなかった。初めのころは遺体を布で包んで葬っていたが、やがてそれもできなくなり、放置せざるをえなかった。やがて死者の数が膨大になり、死体の山の近くを通る現地の人が「臭うから土を被せろ」と訴えてくることもしばしばあった。数人の信者が二日がかりで土を盛った。

悲惨さに耐え兼ね、村の責任者たちがハルビンにある日本人難民救済会まで食料を調達しに行くが、途中で身ぐるみ剥がされるという事態も頻発した。最後には拉致され、金品との引き換えで解放されるといった事件も起きた。

若い娘がいる家では、満州人がやってきては娘を差し出せ、と脅迫された。(2)《十六歳以上の男子は、全員付近住民の苦力《クーリー》として働き、賃金を得て、これを村に差し出させ、引揚までの生計を立て》（利光、前掲書、四八頁）るようになった。敗戦前と立場が逆転した。村の劣悪さを見かねたのだろう、《ハルピン人民委員会では、八月末まで、どうしても働けないものは救済するといっており、事実、高粱（コウリャン）なども送ってくれていた》という（利光、前掲書、四八頁）。

天理村に粟やコーリャンを運んでくれたのは満州人だった。もともとは彼らの土地を奪った日本人にもかかわらず、無言で救けてくれる――その姿を前に、幾人もの村人たちが手を合わせた。だが、悲劇的な事故も起きた。

夜明け前、ハルビンから天理村に二人の満州人が馬車で到着した。門番はまだ出て来ていない。五〇〇ボルトの電流が通っていることを知らず、鉄条網に手を触れた一人が即死した。あわてた同伴者は一人で重い食料を下ろした後、遺体を乗せて立ち去った。夜が明けて門の外に食料が投げ落とされていると知った青年たちが村の中に運ぼうとしたとき、近隣の人々に事故のことを知らされた。

４　帰国を夢見て――教団本部との乖離

教団本部は敗戦後の村の状況をどこまで把握していただろうか。敗戦の秋に発行された「天理時報」に当時の実情を語る記録がある。

《終戦後の在外教徒に関しては多大の関心が払われているが、その状況は本部においても外務省当局、在外同胞対策委員会、万国赤十字社、外国新聞記者らを通じて情報収集に努め、その一部は情報の通りである。このうち天理村に関しては左のごとき見解がとられている。ソ連侵入直後においては、ハルビン、新京など（中略）最近朝鮮よりの引揚者が話すところによれば満州内の治安回復とともにソ連は満州撤退を行うが如く、しかる時は開拓民もこのまゝ居残り得るやとも知れずとの観測を行っており本教としても当局の方針に随い、でき得れば帰化しても開拓の聖業に従はすべき方針である。万一最悪の場合これが引揚を要する時は送出の責任上救済のため最善の努力を施すことになっている》（利光、前掲書、三七～三八頁）

《外地帰還者に備へて万全の対策成る――北海道へ入植地を選定》（利光、前掲書、三七頁）と題した天理時報、昭和二十年十一月十一日号の記事である。実際、教団本部には「天理教海外引揚者事務所」が開設され、長崎・佐世保にも引揚者連絡所（利光、前掲書、三九頁）が置かれた。北海道への入植については、まず一九四五年八月に渡満を予定していた五十家族をそちらに振り替えた。この北海道の地をはじめ奈良県の柳生地区、さらに、後に風間たちが入植することになる三重県伊賀地方など、満州天理村で日本帰還を待機する四百八十五戸、およそ二千名の帰還後の開拓地として割り当てることで、海外引き揚げ者への対応を万全としたのである。また、教団本部婦人会では、衣料を集めるなど万全の態勢で臨んだと言われる。

「天理時報」は折に触れ満州天理村についての情勢を掲載し、開拓団を送り出した家族を安堵させた。しかし一方で、家族にはさらなる不安も募っていた。前年の八月号で伝えたような敗戦の色などまったく感じられない安定した村の様子は一変した。敗戦後の様子を「天理時報」一九四六年九月八日号で伝えている。

《満州に十年余の歴史を持った生琉里村も、敗戦の結果、一切が無に帰した。全ての村民は肉親、知己を失って今や窮状の生活を送っている。しかし、生琉里の誰一人精神を倒していない。一時はどうなるかと案じもし、暗いどん底に落ちた如く思ったが矢張り、道〔筆者注・天理教〕の者である「再起」「飽くまで再起」と村民の熱情と気魂は、毅然として湧き上がっている。嘗て永住の地と定めた満州に分かれて日本に引き揚げることになっているが、日本において未墾不毛の地の開拓に従事し、一からやり直すのだと、皆意気壮たるものがある。これは、教会における朝夕のお勤めが如実に物語っている。昔にかえる生活苦のどん底にあっても、深い神様の思惑に生き、教祖様のご苦労の道を見つめて、ひたぶるに再起を目指している村民の状況を、私は、涙無くしてとうてい語ることをえないのである》（利光、前掲書、四九〜五〇頁）

天理村民の逃避行は《涙無くしてとうてい語ることをえない》という言葉に値するほど、どの開拓団より凄惨をきわめたといえる。ソ連の開戦と侵攻は、近隣の満州人を暴徒化させ、これまでの憤怒を晴らすかのように各開拓団を襲撃させた。先に述べたように、天理村は相次ぐ襲撃や戦闘によって、殺戮、略奪、暴行の修羅場と化した。

そして、帰国のめども立たないまま、天理村ではこうした悪夢の日々が続き、諦めて満州人の妻となった女性たちや、満州人の家庭にもらわれていく子どもたちもいた。天理村に隣接する福昌号（村）には匪賊が住み着き、危険極まりない状況のもと、人々は息を潜めて日常に耐えていた。

一方、日中戦争で関東軍と対峙した八路軍は、戦後、匪賊の討伐も推し進めていたが埒が明かなかった。そこで八路軍は福昌号に住み着き、討伐作戦に出たのである。

匪賊に比べて八路軍には真心を感じた天理村の人々は、苦渋の策として彼らに協力を願い出た。敗戦までは天理村の領地であった畑を貸し出してもらうことができれば、もう一度農作物を植え、村民を飢餓状態から救うことができる、と。

八路軍の兵士には農民の出身者が多く、農業には理解があった。思案の後、軍の責任者は天理村の借用を認めた。

こうして少しずつ天理村が落ち着きを取り戻し始めたころ、今度は八路軍の方から民兵を出してくれないかと依頼があった。意外な展開に村人たちは思案に暮れたが、結局、村から数名の若者が入隊した。口減らしのために決意したといわれるが、その後彼らが中国の内戦で命を落としたのか、あるいは無事に帰国を果たしているのか、知るすべもない——風間はこう言って嘆いた。

「無名の満州人たちの行為があったからこそ、かろうじて餓死の悲劇から免れ、二千人近くが生きて帰れた」

食糧を届けてくれた満州人の一人が感電死したことについて話が及んだとき、風間はこう語った。しかし、教団本部は違った。

《門と銃眼（注：銃を撃つ穴）は、一般の現地人に向けられたものではなく、襲撃団から村民を守るためであった。自らの身を守るためのものであったとしても、鉄条網《てつじょうもう》等で死傷者を出したということは、信仰の道にあるものとして、親神様に深くお詫びをしなければならない。なお、それらの人々は一般の満州人でなかったことはいうまでもない》（天理教表統領室特別委員会『世界たすけへ更なる歩みを——「復元」五十年にあたって』天理教道友社、一九九五年、一六九頁）

満州人に対する感謝の意を示さないだけでなく、〝悪人〟呼ばわりするかのような表現である。

同じころ、二人の元日本兵が天理村に助けを求めて逃げ込んできた。男手の少ない村は歓んで迎え入れた。

彼らは村の労働を一手に引き受け、村人たちの負担を大いに軽減させたが、そのうちの一人が、やはり先の満州人と同様に鉄条網に触れて即死するという事件が起きた。皆で共同墓地に埋葬し、残った一人は戦後に帰還した（なお、死亡した元日本兵は北海道出身と聞かされていた風間は引き揚げ後、家族に彼の最期を知らせたくて幾度となく北海道庁に「確認」を入れるが、該当者はないとの返事だった）。

中国における十五年もの長きにわたった戦争は、敗戦という結果でもって終結した。しかし、満州にいた日本人、とりわけ開拓民には八月九日からのソ連軍の侵攻に加え、開拓地として低価格で買収され、強制的にその土地から追放されていた満州人たちから必然的に起こる反抗の中で、敗戦国の国民として異国の地でいかに生き延び、そして日本にたどり着くかという過酷な課題に取り組まなければならなかったのである。

注

（1）利光正彦『伊賀生琉里五〇年史』天理時報社、一九九九年、四八頁。

（2）「満人が娘の家にやってきて、食料や油をやるから娘をくれ、と強談判し、断るとむりやりに娘を奪っていくのです」（筆者、風間、引揚女性への対談にて）

第7章　帰国への道

満州からの引揚後、風間一家が最初に住んだ家（伊賀上野）

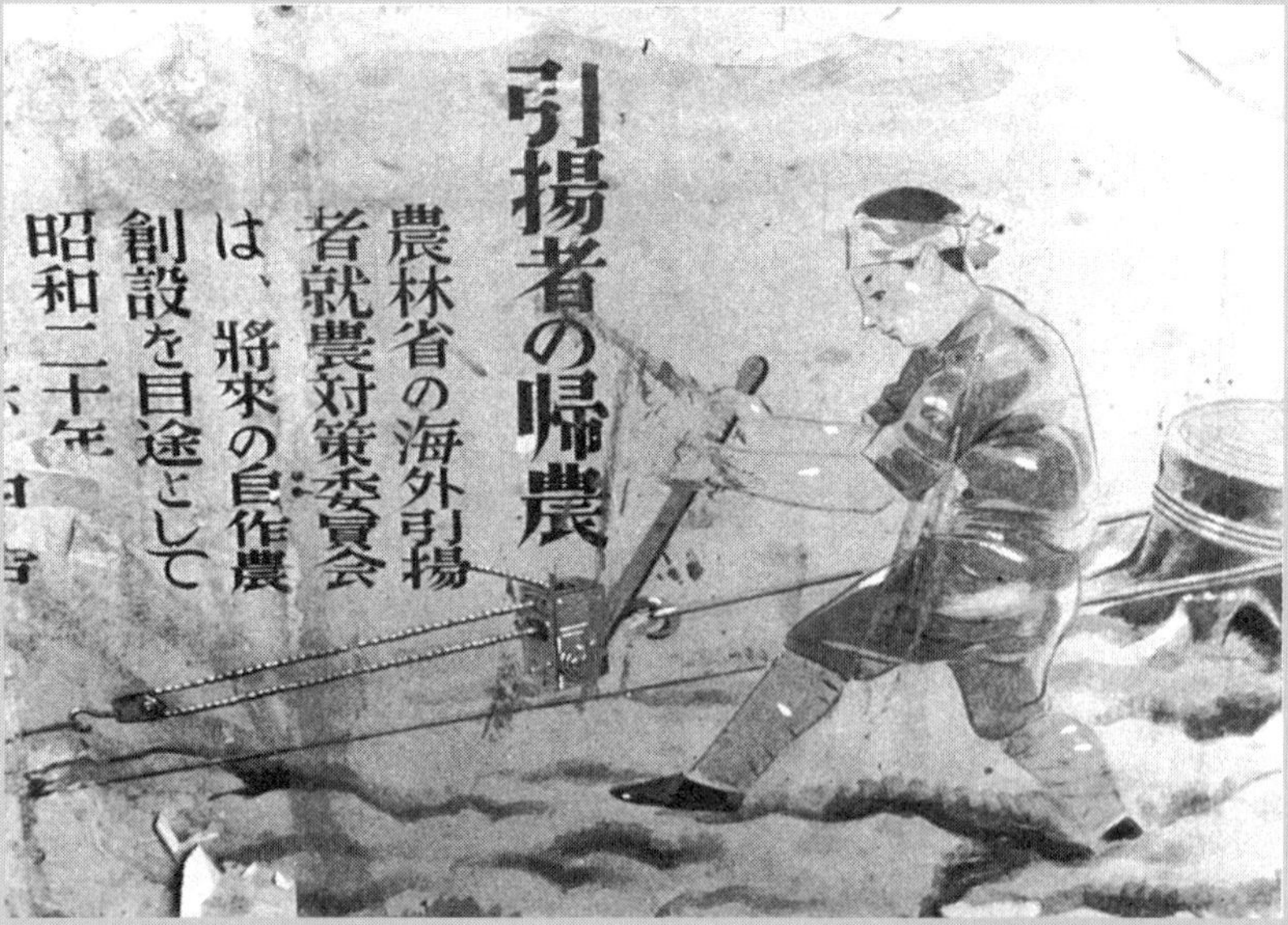

舞鶴港の引揚者寮に掲示されていた公告板のひとつ
（『引揚港 舞鶴の記録』舞鶴市役所 2000 年より）

《内地ニ於ケル食糧事情及ビ思想経済事情ヨリ考フルニ、既定方針通リ、大陸方面ニ於テハ在留法人及武装解除後ノ軍人ハ蘇聯「ソ」ノ庇護下ニ満鮮ニ土着セシメテ生活ヲ営ム如ク「ソ」聯側ニ依頼スルヲ可トス》（坂本龍彦『満州難民　祖国はありや』岩波書店、一九九五年、三六～三七頁）

一九四五年八月十八日、大本営の軍使として満州や朝鮮駐在の軍、さらには開拓者の引き揚げなどを善処するためにハルビンに舞い戻った朝枝繁春中佐が、大本営参謀として「昭和20・8・26　大本営朝枝参謀」と自筆で書いた「関東軍方面停戦状況に関する実施報告」の中で記した文言である。

極限状況にある開拓者たちに土着せよ、そのためにはソ連に依頼するのもよしとする――それが日本政府の対応、つまり無関心であった。こうして〝開拓民〟は〝棄民〟となった。天理村民も然りである。

《毎日毎日、朝会った人が昼には死に、ソ連の兵隊に撃たれては死に、若い人や男の人たちは連れ去られ、恐怖の何日かが続き東門は死骸の山となり、大きな墓穴はいっぱいになり、一寸先が闇となってしまったとき、最早「玉砕しかない。講堂に集結せよ」という命令に講堂はいっぱいになった。窓にはむしろが張り巡らされ、日は暮れて只野先生（天理村村長）が一人一人に別れをローソクの火の許でじっと無言で小さい子供たちまで眺めてくださった（中略）今か今かと、ただ私たちは死ぬのを待つばかりだ。お腹に大きな石が入っているような気持ちだ》（山根、前掲書、一九〇頁）

幸い玉砕は免れたものの、食糧難は依然として過酷を極め、はびこる伝染病とともに、死者の数は続出、悲惨な状態は続いていた。

1　母国へ

井出孫六の著書には、蒋介石・中国国民政府主席の一九四五年八月十四日の言葉が紹介されている。

《「暴を以て暴に報ゆるなかれ」と題して「われわれは、日本軍閥を敵とするが、日本人民を敵と認めない」という趣旨のメッセージを重慶から送ってきていた》（井出孫六『中国残留邦人——置き去られた六十余年』岩波新書、二〇〇八年、八五頁）

日本政府はなぜ、蒋介石に特使を派遣しなかったのか。外務省の怠慢、政府の無関心が多くの開拓団に自決を選ばせ、来たる北満の冬を前に避難民となり、死の彷徨を続けさせた責任は大きい。

日本政府とは正反対の、連合軍総司令部の姿勢を紹介しておきたい。

一九四五年九月二日のポツダム宣言をもとに、連合国総司令部は海外在住日本人の引き揚げ問題に取り組んだ。同宣言第九項は《日本国軍隊は、完全に武装を解除せられたる後各自の家庭に復帰し、平和的且生産的の生活を営むの機会を得しめらるべし》と規定した。これを根拠にして、日本政府は開拓団に対する処置をいかようにもとれたはずだ。連合軍としても人道的な配慮から、日本人の帰国に対する協力は惜しまない姿勢でいた。それにもかかわらず、日本政府の対応は一向に進まなかった。

そこで、連合軍側は《引揚業務の中央責任官庁を決めるよう日本政府に通告し、一〇月十六日に会議を招集した》（井出、前掲書、八六頁）が、この日に参加したのは海軍省の担当者のみだった。四日後の二十日、連合軍は日本の外交機能全停止を通告し、中央責任官庁は厚生省の下に置かれた。一九四六年三月十六日には「引揚げに関する基本指令」を政府に対し発効した。そのなかには《厳寒の旧満州に放置されていた日本人の引揚げについて極東ソビエト軍総司令官と「適当なる協定締結の必要」があることがうたわれていた》（井出、前掲書、八七頁）。

四月十四日、ソ連は満州から撤退を開始。それを機に、連合側はアメリカと中国国民政府東北保安司令部によってすぐさま、在満の人々を帰還させる協定を結んだ。

これにより、開拓者たちの帰国への扉が大きく開いた。葫芦《ころ》島を出港地、博多、佐世保、仙崎や舞鶴などが到着港となり、帰国が進められた。アメリカ軍はＬＳＴ（戦車揚陸艦）をはじめリバティ船（輸送船の名称）を在満日本人や開拓団員のために投入。一九四六年から四八年までにアメリカ軍管理のもとで引き揚げが実現していくなかに、天理村開拓団も含まれていたのである。

一九四六年の夏ごろになってようやく、天理村に引き揚げの朗報が少しずつ入ってくるようになった。帰国にあたって、開拓民をはじめ引揚者はいったん「一つどころ」に集められた。そのような収容場所には、必ずと言ってよいほど診療所が設けられていたという。ソ連兵の強姦によって妊娠した女性たちは、ここで処置が施されたのだ。

《ベッドの上に乗せられ看護婦さんに足をきつく持たれた女が上向きに寝かされている。医者がゴムの手袋をはめて手を中に突っ込んで、なかの胎児をつかみ出しているのだ》（山根理一『満州天理村物語』、二〇一一年、二一八～二一九頁）

ソ連兵は村の娘たちを銃で脅し、人気のないところに引っ張り込み、犯した。娘たちは男に見えるよう、髪を刈り上げ顔に泥を塗りつけ、男性用の服を身に着けていた。ソ連兵が村に入ったと聞くとすぐに隠れ家へと急いだが、それでも犠牲者は続出した。見かねた婦人が身体を呈して若い娘たちを守ることもあった。

《娘さんたちを守る為、私でよかったら来なさい。そう言って下着を脱いだのよ、一人は銃を持って、向こうを向いていたね。もう一人が私の所にきました。私は「南無天理王命」と両手を合わせて声を出して何度も唱えていたら、ソ連兵の男の物が、へなへなになったのか私はもっと大きな声で南無天理王命と、唱えました。今度は銃を持っているソ連兵が来ました。私は必死で南無天理王命、南無天理王命を繰り返して唱えました。そうすると、そのソ連兵の男の物はやはり、へなへなになったのでしょう。ズボンのバンドを締めて出て行ったのです》(山根、前掲書、二一七頁)

ソ連兵が引き上げた後、妊娠を恐れ村人たちは犠牲になった娘の身体を洗浄した。敗戦後の満州で、こうしたソ連兵の事件は後を絶たなかった。天理村がそうであったように、各開拓団でも同じような状況であったと考えてよいであろう。日本本土も、敗戦後ただちにやってきた連合軍進駐兵によって同じことが頻発した。その結果として生まれた混血児の多くが捨て去られ、社会からも見放され、幾多の辛酸を嘗め尽くした。

こうした状況にひたすら堪え、ようやく帰国の目処がたったとき、今度は死者との別れを前に帰国をあきらめる者、子を残す親たちの苦悩が彼らを襲った。満州でのすべてが、教祖中山みきに背く行為だったと慟哭した。自分たちは「神意の実現」どころか「侵略者」であったと、初めて気づく者もいた。

一九四六年八月二十日、天理村の人々はようやく帰国の途についた。人々は無蓋車に乗って天理村を出発し、ハルビンに着いた。それから徒歩で新京に向かった。その間に、力つきて倒れる者、絶命する者、いつの間にか行方知れずになる者もいた。永久の別れをしながら、引き揚げ者は奉天を経て錦州に到着した。そして、《十月十三日、葫芦島発乗船、十六日博多入港。二十一日上陸》（利光、前掲書、五三〜五四頁）が許された四百三十五名、そして葫芦島から佐世保に入港した五百八十三名の合計千十八名が、このとき無事に帰国を果たすことができた。

２　残った人々

帰国が決まっても、残らざるをえなかった人々の悲劇はなおも続いた。繰り返し押しかけるソ連兵たちから身を守ろうと村人は必死になった。匪賊の襲来も続き、村の家畜は最終的に、一頭残らず略奪された。匪賊に引っ張られていった群れから一頭の仔馬がはぐれ、親馬を探して必死に走り回る様子に、村人は自分たちの姿をみた。

村では衣食に事欠き、病人が続出したが薬もない。そうした状況のなか、生き延びるために満州人男性に嫁ぐ女性もいた。彼女たちは、帰国の日が決定しても夫を残して帰るわけにはいかなかった。悲惨な時期に手を差し伸べ、飢餓から救ってくれた命の恩人だ。やすやすと見捨てていけようか。それこそ教祖《おや》さまの心に背くことになる、と。

そんな一人に、敗戦時十五歳だった田中信子がいる。彼女は残留した理由を『満州天理村　残留孤児たちは、いま』（山根理一編、天理教道友社、一九八二年、二七〜三四頁）のなかで次のように語っている。

ある日の夕方、信子が天理村の人々と畑仕事から疲れて帰ったときのことだ。《妹の愛子がいないのです。びっくりして、隣の佐藤さんに聞きに行くと、「満州人が来ておいしいものをたくさん食べさせてやる」と言って連れて行ったというのです》（二七頁）。信子が妹を連れ戻すため家を出ようとすると、栄養失調で歩くこともままならない弟が一緒に行くと言って聞かない。弟をおぶってたどり着くと、満州人の一家は信子たちに食事を振る舞ってくれた。

彼らの家を辞去しようとすると、妹や弟が天理村には戻らないと言い始めた。戻れば再び、ひもじい生活だ。子どもであるからこそ、余計に耐え難いことであったのだろう。

信子は村に残してきた八歳の妹のことも気がかりで、愛子と弟に家に帰ろうと諭したが、かれらは聞こうとしなかった。姉弟の様子を見かねた一家はしばらく滞在するよう信子に勧め、いったんは一家の好意に甘えることにした。三人が厄介になる以上は何でもすると信子は伝えたが、一人残した妹のためにも天理村には必ず帰ると決めていた。

信子の母はすでに他界していた。その母が、当時七歳くらいだった弟を必ず日本に連れ帰ってほしいと言い残したことを、信子は決して忘れなかった。しかし、母との約束を果たすにはまず、弟の健康状態の改善を図らなければならない……。

敗戦後の天理村では、女性も子どもも元気であれば、みんな作業に出た。《働かざる者、食うべからず》（二九頁）と言われ、配給をもらうためには病で起き上がれない母を残して働きに出るほかなかった。母のお腹は青白く腫れ上がっていた。信子らが作業に出ている間、幼い弟はたった一人で母の死を看取ったのである。母を忘れることは決してないであろう。それなのに、天理村には帰りたくないと言う……。信子は弟が不憫でならなかった。

二ヵ月間、信子は幼い妹弟を飢えから救うため満州人の家で一生懸命に働いた。ところがその間に、天理村の人々は日本に引き揚げていた。事情を知らない信子が、残した妹のことが気になってようやく天理村に戻ったとき、村には誰もいなかった。当然、妹も見つからなかった。信子は絶望し、その場に泣き伏したという。悲嘆に暮れる信子は、やがて世話になっていた満州人一家の息子に嫁ぐことになった。ひもじさに泣く弟や妹を助けてくれたことへの恩義は感じていた。それでも、いつかは母との約束を果たす――弟や妹を日本に連れて帰ろうと決心して。結婚の条件としてただ一つ、信子は懇願した。幼い妹や弟が無事に成人するまでは一緒に住まわせてほしい、と。その願いは受け入れられ、村の長が誓約書を書いてもくれたという。

開拓団が去り、天理村の家々はがらんどうになった。

《昭和二十一年に入ってから天理村の日本人の去った後の空き家に、家のない人は移動していいことになり、劉さん一家（筆者注：信子たち兄弟が世話になっていた中国人家族）は調査の末、入っていいことになりました》（『満州天理村　残留孤児たちは、いま』山根理一編、天理教道友社、一九八二年、三〇頁）

こうして信子は劉家族と思い出の残る村に戻ることになった。

だが、故郷の天理村に戻ったものの、終戦まで皆が団結して暮らした村に知る者は誰もいない。

その心細さと寂しさ、そして切ない思い出に胸が締めつけられる日々だった。

かつての賑わいや生活を偲ぶものもなく、ただ一つの慰めは、学校の校庭にあった太鼓形の丸い石だけだった。それを家の前まで移し、石の上に腰を下ろしては東の空を眺め、信子は日本を偲んだ。

一年ほどすると、中国政府は旧天理村に住む者たちに土地を与えた。信子も家畜を飼い馬車を手に入れ、農業の真似ごとができるようになっていった。

そんなころ、かつて一宇開拓団で一緒だった赤根雪子と偶然にも村で出会った。思ってもみなかった再会に、二人とも驚きを禁じえなかった。雪子は信子に、病が芳しくないと打ち明けた。戦前の天理村にあった診療所は日本人が去った後、満州人の手によって再開されていた。そこへ診察を受けに来たのである。このとき、信子は久しぶりに日本語を話したという。

敗戦当時十七歳だった雪子の戦後も紹介したい。

雪子が両親と姉とともに天理村近くの一宇開拓団に入ったのは一九四五年三月、敗戦の五ヵ月前のことである。雪子は北海道出身で、父は比較的裕福な農家だったが、それを畳んでの渡満であった。敗戦後の八月二十三日、一宇開拓団を匪賊が襲い、多くの村人の命を奪った。雪子の姉も殺された。父はそのときすでに戦死しており、母は翌年二月五日に伝染病で死亡した。雪子にも引き揚げの知らせが届いたが、家族が眠る北満の地を去るのが忍びがたく、現地の人の妻となって中国に残る決心をした。

村人から仕事の口利きをされ開拓団を去った雪子は、出向いた村で匪賊の頭目に売られた。すべてが計画的であった。逃げ出したくても逃げ出せず、その術もわからない。地獄の日々にあって晩夏のころ、雪子は風の便りに天理村民の帰国を知った。しかし、匪賊の妾となった身では、自由に行動できるはずもない。親神さま、どうか、子どもだけは授けないでください、匪賊の子どもだけは——日夜、雪子はそう祈ることしかできなかった。

母国に帰れないのは雪子だけではなかった。人づてに帰国を聞いて村に戻ってみると、村の東西門には赤い旗が翻り、かつての仲間はそこには居らず、多くの満州人たちが入っていた。置き去りにされたことを知り急ぎ戻ったものの何の手がかりも得られず、涙に暮れる人たちもいた。あるいは、帰国の日が決定しても、信子のように家族全員を満州の地で失い、一人だけ帰国するわけにはいかないという人もいた。

思いがけない信子との再会を期に、二人は旧交を温めるようになっていった。雪子は信子の家に泊まり、通院するようになった。やがて信子は雪子の口から、天理村で暮らした人々が少なからず残留していることを知った。

なお、信子たちがようやく帰国を果たしたのは一九七五年三月のことである。当時、連絡もままならない情勢のなか、信子と雪子は残留者の消息を必死に追い、やがて四、五名の所在を突き止めることができた。信子は帰国が決まると、日本語が話せない弟や妹のためばかりか、すでに日本語を忘れてしまっていた他の旧天理村の人々のために、手続きに奔走した。当時、中国に取り残された天理村の人々は他の開拓団と同様に、人前では決して日本語を話さず、読み書きができることも公にしなかったといわれる。日本語が書けるとわかるや、かつてブルジョア教育を受けたのではないかと疑われ事情聴取された。日本人同士で日本語を話すだけでもスパイの疑いをかけられるという厳しい現実に耐ええず直面していたという。

敗戦から三十三年目、弟と妹を連れて日本の地に立った信子は、これでようやく母との約束を果たすことができると感無量だった。

３　引き揚げ後の苦境

一九四六年九月二十三日朝、引き揚げ者たち一陣は天理市に到着した。しばらくは各教会の詰所（宿泊所）に滞在し、それから故郷に帰郷する者と、教団が用意した開拓地に新たな生活を求めようとする者とに別れた。再びの開拓をめざす者は二百六十四名で、彼らは開拓地の決定を待つことになった。

敗戦後の厳しい日々にあって、信者たちの思いは変節していった。教祖中山みきの御心に背いたことが心苦しかったのだ。

「自分の宗教とは何だったのか。今も考えてしまうよ」

そう言うのは、命からがら満州天理村から引き揚げ、奈良の奥地に開拓地を開いたA氏（男性、匿名希望）の言葉である。戦後ずっと、自問し続けてきた。

国内の開拓先は本部が用意してくれたとはいえ、そうやすやすと開墾できるものでもない。険しい山道を、荷車を押しながら数々の資材を運んだ。ようやく家族が安心して食べていけるようになったのは、世間が「もはや戦後ではない」（一九五六年に経済企画庁は『経済白書』の「日本経済の成長と近代化」の結びで「もはや戦後ではない」と記述した）と騒いでから十年以上経った、一九七〇年前後のことだ。大阪万博開催の準備に沸いていたころである。

A氏の父親は北海道で営んでいた酪農業を畳み、開拓者になった。敗戦の一年前に入植し、ようやく落ち着き始めたと思った翌年の夏、戦況の悪化とともに兵隊にとられていった。

ほどなく敗戦を迎えたが、父は帰って来なかった。父の無念さを思うとA氏は北海道に戻ることができなかった。父の思いに殉じるために、引き揚げ後は新たな開拓地で農耕を営むことにしたのである。

満州天理村は後に生琉里と名付けられた。その優しい響きを残そうと、引き揚げて後、新たな開拓地の一つにその名を刻んだ。伊賀上野の「生琉里」だ。だが、無一物で引き揚げ、当初は二十世帯ほどで開拓を始めるには、新たな開拓地は想像以上に厳しい環境だった。

相野田が入植した大洞山（三重県）の中腹にある美杉村八知《やち》（三重県）も同様であった。彼は一九四七年一月の先発隊十二家族のうちの一人だった。ずいぶんと山奥で、これじゃ無理だな――相野田は何度もそう思ったという。満州ではすでに開拓地は用意されていたが、第二の開拓村は自分たちで一から始めなければならなかった。

伊賀では、風間のような元気な若者たちは近くの亜炭鉱で働き、仕事が終わると開墾に精を出した。努力の甲斐あって、一ヵ月ほどすると、なんとか住めるような小屋を建てることができた。しかし、笹でふいた屋根は青虫の住処となり、ぶら下がっていた虫が食事中に落ちてきたり、糞も絶えず床を汚した。

「ただでさえ粗末な食事がさらにまずくなった」

当時を振り返り、風間は大笑いした。そこで一年、寝起きをしていたという。

とはいえ、冬は炭焼きくらいしかできない。寝るだけの家は屋根や壁だけでなく、床まで茅を使っていた。そのため、いたるところから雪が入り込み、瞬く間に布団は真っ白になった。待ち遠しかった春になると、山間の高地を生かして夏野菜作りにも大いに励んだ。

だが、一緒に入った仲間たちは開墾をあきらめ、次々と開拓地を出て行った。「戦争に負けてさえいなければ」と彼らは口ぐせのように言っていた。

「道はるか　三重の五〇年」（朝日新聞三重県版、一九九五年）プロローグには、そうした厳しい日々を振り返る記事が掲載されている。その一人に、勝岡きぬこさん（朝日取材当時八十一歳）がいる。

家族六人で伊賀の生琉里に入植した。引揚者で体力のあるものは近くにある亜炭鉱などに職を求めることができたが、子どもたちはまだ幼かったため女手ではそれもできず、現金収入がほとんどなかった。しかも与えられた開拓地も痩せていて、収入につながるような収穫は望めなかった。栄養が足りず、いつもフラフラの状態で野良仕事に出ていた。配給米を売ったお金で安い麦を買う――そんなやり繰りをしながら苦境を乗り切った。材木はその地に生えていた木々を使い、釘の代わりに藤づるで結び、家族で協力しあって家を建てた。笹でふいた屋根には、夜になると笹を餌にやってくる虫の音が聞こえたという。掘建小屋のようなものだったが、生きて帰れたこと、再び自分たちの土地が与えられたことは喜びだった。

きぬこには天理村を引き揚げる途中の苦い思い出がある。当時四十四歳だった夫の万次（一九九二年死亡）は、体力が衰え歩行困難となっていた。そのときである。引き揚げ団長は、どこか途中の村に彼を預けようと言い出した。

「わたしだけ、無事に帰ることはできません——もし夫がここに残るのならば、わたしも残ります」

そう言って、はねつけた。判断を下しかねていた団長も、さすがに夫婦を揃って日本に戻そうと決断。だがこの記憶は、彼女の胸底に長い間わだかまりを残す。

天理村開拓者の非業、そして非命を一身に受けた女性がいる。下山トクエさんである。村に侵攻したソ連兵によって連行された三十五名の村人たちが一九四五年九月十六日にハルビンで銃殺された事件は先に述べたが、犠牲者の一人が彼女の夫であった。悲劇のあらましを知らされたが、悲しみにうち沈む間もなく父が、その一ヵ月後には母が死亡した。そして、その翌日には子ども二人がチフスで逝った。深い悲しみの中で一人帰国し、風間たちとともに伊賀の開拓地をめざした。

「開墾用の鍬《くわ》は一貫（約三・七五キログラム）の重さ、十回ほど振り上げたらもうヘトヘトで」

女性一人の作業は厳しく、何度も村を出ようと考えたと言う。それでも、皆に助けられ頑張り抜いた。

４　教団の罪

先述したが再び書く。昭和七年（一九三二）、三月一日、《長野県上諏訪町諏訪支教会（甲府大教会）に於て理生会長野県支会創立十周年記念講演会が開催されるや、その席上亀田亮二氏は新満州国に理生村の建設を提唱して本教の海外進出に対する気分を煽って一同の共鳴を博した。その具体案としてはまず根底を信者の移民に求めて、第一期計画として、管内群馬、栃木、新潟、長野の四県八〇〇余りの教会より、四十才未満の男子中心の約八百家族の移民団を組織、これを吉林省或いは黒竜江省方面に送り出して時局に善処す》（昭和七年三月十日付天理時報）

こうして天理教団は国家の要請を得て、一九三四年春に満州天理村建設の起工に入り、同年十一月、第一次四十三家族二百四名が完成したばかりの生琉里村に入植した。

以後、信者たちは農業をはじめ、産業や教育に至るまで他開拓団とは雲泥の差の充実した環境[1]のなか、現地の人々にも貢献しながら敗戦までの歳月を開拓団として励んだ。彼らの日々は国策に則るのではなく、「せかいいちれつ　みなきょうだい」という教祖中山みきの教えに忠実に生きようとしたところに目標があり、他の開拓団とは異彩を放っていたのである。

だが敗戦後、信者たちがたどった悲惨な運命に天理教団は、どのように対応してきたのか。確かに、本部は天理村民の帰国準備に奔走し、山村の貧しい土地とはいえ受け入れ先を作り、帰還者たちに生活の場を提供した。

だが、新たな開拓地に向かった引き揚げ者の戦後の日々と「満州天理村」時代の「お道（信仰）」に対する矛盾の数々は解消できたのか。

国策によって多大な犠牲を強いられた信者が戦後、天理教団にどのように受け止められたのか振り返るとき、風間博が指摘した教団の〝歪み〟の根源が浮かび上がってくる。

教団は開拓団を送るにあたり、すでに居を構え日常を営む満州人を排除しながら進めた。移民政策は最初から問題があった。その行為は彼ら天理教信者の理想とはあまりにもかけ離れていた。満州に入植した信者たちのなかには、現実を前にうち沈み、信仰のありかたに疑問を抱く者もいた。〝宗教とはいったい何か〟という自問は、相野田健治からも繰り返された言葉である。こうした、教義の理想と現実との矛盾のなかで生きなければならない虚しさに悩まされる信者の日々は理解できる。

だが、大半は〝本部のされることに間違いはない〟と疑うこともなく、実直に開拓生活に打ち込んでいた。そんな信者たちの中から、「悪いのは関東軍」という声を幾度も聞いた。このような他者への責任転嫁があるかぎり、自分たちが侵略の担い手になっていたとの自覚を促すのは困難である。

教団にしてもしかりだ。初めて開拓団を送り出した当時、天理教の真柱（統率者）は布教という目的だけでなく、多くの信者たちが貧困から逃れられると考えた。だがしかし、満州での開拓時代はまだしも、敗戦前後から引き揚げに至るまでの惨状を見ると、教団幹部たちは信徒の心を欺き、日本政府が掲げる帝国主義的「五族協和」のスローガンを「せかいいちれつ　みなきょうだい」にすりかえた感がしてならない。

さらに言えば、天理村の人々が七三一部隊の活動内容についてまったく知らされずに関与させられていたことは、それが軍の最高機密事項ではあったとしても、そこで行われていた生体実験などは教理「せかいいちれつ　みなきょうだい」に反するものであり、さらには天理村全村がその実験で壊滅する危険すらあった。情報力のある教団幹部が村民に何の忠告も指導もしなかったことは、国家と宗教が結びついていたあの時代においてあまりにも象徴的な実相である。

日本の中国への侵略政策に多くの宗教集団が加担していたことは紛れもない事実である。しかし、ここであらためて疑念が湧くのは、宗教精神を掲げて満州へ乗り込んでいった他宗教の開拓団と比べてみるときに、なぜ天理教団だけが七三一部隊の労働に従事したのか、いや、しなければならなかったのか。もしくは他の宗教教団以上に、対ソ防衛の中心的作業を担ったのか、ということである。


《新しく連れて来られた労働者たちを使って、四方楼と本部ビルの外側に、一周約五キロの城壁を造らせた。壁の外は堀で、壁の上には高圧電線が張りめぐらされ、その上、武装した兵隊が見張りに立って中国人が近付くのを厳しく禁じていた》

（戦争犠牲者を心に刻む会編『七三一部隊』東方出版、一九九四年、一三七～一三八頁）


満州人たちも天理村の人々も、平房の施設の中で何が行われていたのか薄々は気づいていた――父から聞かされてきた風聞も相野田もそう口をそろえた。彼らも疑念を抱く現象を目にしていた。

その施設に相野田は召集され、その中で軍役についた。また、その他の天理教の信者たちは「作業班」として業務に勤しんだ。そして、平房地区を取り囲むようにして広大な原野に満州天理村各開拓団は建設されていった。

それを考えたとき、教団幹部たちは、開拓団を編成した天理教団の少なくとも指導的立場にある者たちは、はじめから七三一部隊の内情を理解したうえで、国策に殉じる意志があったのではないだろうか。「信仰心情」の結束と信者たちの口の固さに信頼を置いたうえで、軍が関与するこの地を選び、「満州天理村」という一大ユートピアを築こうとしたのではないかと推測してしまうのだ。

《私たちは百姓をしたことがなく、ただ天理教とお国のためと思い、夫についてきました》

（山根、前掲書、七九頁）

これぞまさに、教団と軍部が結託していたあの時代を象徴する言葉であろう。全体主義（あるいは国家主義）の最大の特徴は、異質のものを抱き込み、同化させ、自ら国家の手先にさせるか、あるいはそれが不可能とわかれば、その異質なものを完全に抹殺することである。この手法はナチス・ドイツもしかり、当時の皇国日本も同じであった。

明治国家の成立後、天理教は抹殺される運命にあった。しかしながら、国家は完全に抹殺することができず、教団を抱え込む政策へと転じた。そして教団側は、弾圧された苦い時代があったがゆえに、積極的に国の政策を受け入れた節がある。その象徴として「満州天理村」が代表的なものであったと言っても過言ではないだろう。

国策に協力することで、中国大陸で立派な伝道ができると考えた教団。しかし、純朴な信者たちは「せかいいちれつ　みなきょうだい」をスローガンに、永遠の楽土を建設しようと精進し続けた。その果てに、彼らはすべてを失った。

妻に死なれ、子どもをやむなく満州人に手放した父親。満州人のもとで働いている娘に帰国の報を伝えたくて何度も遠方まで出かけるも、激しい雪解け水に阻まれてたどり着けなかった母親。

忘れがたい苦渋と悲しみの中で、人々は北満の地を去った。父を、母を、我が子を、きょうだいを失った人々の胸はただ、安らかに眠れ、また来るまで待ってくれと願うばかりだった。どこからか、そのころよく、村で歌われていた替え歌が聞こえていた。

♪さらば天理村よ　またくるまでは
しばし　別れの涙がにじむ
恋し　天理村の家々見れば
ニレの木影に　北斗星……♪

彼らの悲痛な叫びは、教団幹部たちに果たしてどこまで届いていたのであろうか。

一九八四年十月、満州天理村からの引き揚げ者が一同に集う「渡満より五十年を語る会」が、伊賀生琉里教会の広大な敷地で開催された。

会場となる入口には、かつて満州天理村のシンボルであった七メートル近くの大門が再現された。集まった人々は悲喜こもごもの思いで門をくぐり、見上げた。満州人も、ソ連兵もこの門をくぐった。帰国を待ちながら息絶えていった人々の遺体もこの門を通って運ばれた。当時を振り返り、信者たちは涙を流した。

しかし、風間の感慨は違っていた。会の運営を任された一人である風間は、「この門こそが、中国を侵略した事実を物語っているのだ」と、かつての時代を反省する展示を提案したが、誰からも相手にされなかったのだ。

ベニヤ板で建てられた門からほど遠くないところに、一九六五年建立の慰霊碑がひっそりと佇んでいる。そこには、「満州国天理村に於て大陸開拓の聖業に奉仕し今は亡き人々を悼う」と刻まれている。満州天理村が中国でしてきたことは、〝聖業〟などではない、〝侵略〟であった。だが多くの信者は、満州人への布教という一大目的と使命を持っての渡満であったと考えており、教団は「聖業」という言葉に何ら偽りはないとの立場を貫いている――このことに風間は激しい憤りを感じていた。

懐かしさのあまり、再会の喜びにわく声があちらこちらで響いていた。その傍らで、この日にあわせ中国からの帰国が実現した女性たちが複雑な視線を投げかけていた。彼女たちは真っ黒に日焼けし、表情には苦渋の人生が刻まれていた。

「日寇開拓団来此地」――かつての天理村に、現地の人々によって建立された碑文の冒頭に書かれた言葉である。日寇とはいうまでもなく〝侵略者〟の意味である。

注

（1）事務所は移民村としては余りにも立派過ぎる位で、電話もあればタイプもあって美しいタイピストが働いている。（中略）診療所には医師、看護婦の他に産婆を常置しており村民の保護衛生に努めて居るが、未だ一名の患者も発生しないという健康振りで付近に住む万人を診察しては日満融和の麗しい実を結んでいる（満州日々新聞、一九三六年七月三日〜五日）。

エピローグ

母国日本は、戦争体験者の激減とともに戦争の記憶が急速に風化する中、今夏戦後七十三年目を迎えることになる。

安倍首相が言う「積極的平和主義」のもと「日米安全保障条約」は、これまでの「個別的自衛権」の枠組みを超え「集団的自衛権」へと変質する法案がすでに国会を通過し、今後は米軍及び関連国の支援やＰＫＯへの支援活動拡大により、再び若者が戦場に赴くことも可能になりつつある。

戦争を知る生き証人も残り少なくなり、次の世代に伝えるべき歴史、とりわけ悲劇の数々は過去のものとして闇の彼方へと消え去ろうとしている。だが本書で述べたように、宗教の本質を掲げて満州に自分たちのユートピアを建設しようとした天理教開拓者たちに罪過はないとしても、「天理村」の建設が日本国の帝国主義的侵略に伴う略奪行為以外の何物でもなかったことは明白な事実である。

第二章で触れたが、天理教の教祖中山みきは明治期に激しい弾圧の中で、幾度となく投獄され、なお自らの「意思」を貫き、その教えに殉じた人であるといえる。

先の大戦において、満州に開拓村を建設し布教を行ったのは、既成仏教教団をはじめキリスト村を建設した日本基督教団もあり、日本のほとんどの宗教だった。そしてこれら信徒たちは、国家の掲げる「八紘一宇」など甘く優しい美辞麗句に対応する宗派の教えを胸に、祖国を後にした。侵略の片棒を担いだのは決して天理教団だけではなかった。

天理教について言えば、繰り返しになるが教祖中山みきは明治期に激しい弾圧の中で、幾度となく投獄され、なお自らの「意思」を貫き、その教えに殉じた人である。みきが明治期に政府の激しい弾圧に耐え抜いたにもかかわらず、その後の天理教団が教祖の教えに背き、あの時代の波にのみ込まれ、抗えなかったという事実が重要である。言い替えれば、宗教が政府の弾圧・強制によってその教義に反し、時の国家政策に加担する存在に変質してしまう一端を、天理教団の変節を通して垣間見ることができたといえよう。

天理村開拓に宗教活動と実生活の安寧の夢を託したはずの若き相野田健治も、その夢とは全く異なる七三一部隊の証拠隠滅作業のなかで膨大な屍体に火をつけた。そして刻々と侵攻してくるソ連兵の姿に怯えながら逃げ延び、帰国した。この証拠隠滅への貢献に対し、褒賞ともいえる列車が用意されたことは、他の引き揚げ者の逃避行の苦難を思うとき、相野田健治の心は晴れることはない。

以後、相野田は、「みなきょうだい」と信じた宗教とは、そして自分たちの「開拓」とは一体なんであったのかと、今日なお病床にあって問い続ける日々である。

敗戦によって軍務を免れた風間博は、帰国後ことあるごとに、満州天理村への開拓移民は布教活動の「聖業」であると教えられたはずが、実は「侵略」であったと自覚せざるをえなかった。聖業と侵略という二つの言葉の狭間にある欺瞞に胸を引き裂かれた。失われつつある視力で、日本の侵略の跡を脳裏に焼き付けようと、虫眼鏡を片手に持って地図を凝視した。

天理村を建設するには、関東軍の関与がなければ実現しなかったと言っても過言ではない。天理村の四方を取り囲むゲートには銃を手にした警備隊が常駐していた。怪しげな者は決して中に入れなかった。満州人との議論が不穏な状態になると、銃の安全装置を外し、いつでも引き金を引けるようにしていた。

四方を取り囲む壁には五〇〇ボルトの電流が流れ、それに触れて死者が出ることもあった。鉄条柵にはところどころに「要電小心」（電流注意）と看板があったが、注意書きに気づくこともなく命を落とす者や、字が読めないため注意書きを理解できず命を落とした満州人労働者たちがいた。

風間たちは小学校を出ると、ただちに青年学校に入り軍事教練を受けなければならなかった。「やがては、村の警備便としての役目も待っていたんやから。子どもながらにまるで戦地にいるような気分よ」

そう言って、風間は当時を振り返った。教団本部が編纂した『天理教百年史』には、風間の記憶を裏付けるかのような写真資料が残る。

そして、風間はつぶやいた。

「まことに国家というものは、自国の富を求めて他民族を侵略し、彼らの富を略奪することも辞さないものだ」

国家の行為は、確かに風間の言う通りである。ただし、普遍的真理を説く宗教は国家とはその本質において異なるものである。普遍的真理を実践して初めて、天理教のみならずあらゆる宗教指導者は国家という存在を超えて多くの人々の立場に寄り添うことができるのではないだろうか。あの時代もそして今日も、幾多の民族を犠牲にしてその上に自分たちの繁栄を築こうとする国家との根源的な間違いはここにあるのだ。

私の国アメリカは、建国するにあたって先住民のインディアンから土地を奪った。抵抗する彼らを虐殺したあげく迫害に及び、広大な土地の略奪と征服に成功した。征服者たちはこの残虐極まりない行為を、キリスト教徒としての「神意の実現」と位置付けた。そして今日、アメリカ大統領はこの残虐行為を過ちとして先住民に謝罪している。

このアメリカの例に倣っていえば、たとえ国策に殉じた天理教団とはいえ、彼らの行為が宗教的「真理」を否定していいはずはない。それはいつの時代においても、宗教さらには宗教を求める人々の心が、いかに国策に殉じやすいものであるかという危険性を、先の老いたふたりの証言者は突きつけているのである。

国家の大綱に抵抗すれば、弾圧を受けてしまうジレンマ。教団の指導者たちをはじめ多くの信者たちが、教理上の「人は平等」という素晴らしい理想を持ちながらも、中国大陸において直面したのは国策に殉ずることだったのは教団の悲劇であった。それを直視すれば、現行平和憲法さえ守りぬけない母国日本の現状の中に、その曖昧であやうい姿を見出すのである。

「自分たちは戦争をしない国に生きる国民である」と、堂々と世界に宣言した母国日本。一方で、いつの日か、平和憲法が誕生する日が来たらんことを夢見るアメリカ国民。

戦争には、最終的に勝者も敗者もない。あるのは悲しみや苦しみ、憎しみ、さらには復讐の念だけである。

そして、そのような連鎖は、世界中で今も続く。

だが確かなことは、日本人が内外で味わったかつての過酷極まりない戦争体験を、今に生きるものは決して風化させてはならないということである。風間や相野田のような無名の戦士たちが、そして戦争体験を聞かされた者たちが、戦争を知らない世代に語り継ぐ勇気と義務が今こそもとめられるのではないだろうか。

母国日本に八月十五日は、毎年、必ずやってくるのだから。

あとがき

二〇一七年十二月十七日付の朝日新聞において、八十年の歳月を経てなお日本は戦時中の悪行を認めようとしていないのではないか、と指摘する。

「八十年も経てば証言者は減り、記憶は風化する。日本にとって恥ずかしい過去を表に出すのを拒もうとする力は、今後さらに強まるかもしれない。」

それは、南京での虐殺行為のみならず、中国大陸で繰り返された帝国主義侵略の所業についても同じことであろう。そこには、当然「満州国」での国家建設、そして七三一部隊による人体実験を伴う細菌兵器開発も含まれている。

幸いにも、戦後キリスト教をはじめ既成仏教教団は、みずから犯した戦争賛美のみならず戦争への加担行為を認め、その罪過を謝罪した。だが新興宗教教団においては、今日に至るまでその姿勢は希薄である。それ以上に、あの時代の犠牲者であったかのような姿勢が見られるのは遺憾である。本書は一大新興宗教天理教の満州開拓の経緯に焦点をあてたものではあるが、天理教のみに責任があると言っているのではない。プロローグでその心情を紹介したように、筆者にとって天理教が極めて身近な関係にあったことから焦点をあてたことをお断りしておきたい。

「よその国に軍隊を持って入り、土地を取ってしまったら侵略なんや。中国の人には申し訳ないことをしたし、我々（日本人）もつらかった。もうこんなことは繰り返してはいかん」

インタビューの最後には、きまってこのようにしめくくった風間博。あの戦争から生き延びた彼は、「満州天理村」を建設すべく命がけで北満にわたりながらも敗戦によって、病に倒れ、飢えて命を落としていく人々の「怨嗟」の声をあふれかえるほど聞いた。七三一部隊の犠牲となった人々の声は、相野田の体験を通して耳奥に響いたことであろう。そうしたすべてが、ふたりの戦後を左右した。彼らにはわかっていたのだ、そういった事象は運不運、信仰の強さではなく時の指導者たちの「決定」が生み出した結果であるということを、だ。同時に「旧天理村」の暗い声を、一言《いちごん》たりとも伝え残すようなことはあってはならない最後の「ひと」であることも自覚していた。だからこそ、風間は天理教本部をはじめ周囲から厳しい指弾の目にさらされ、孤独に徹する日々であっても決してくじけることはなかった。

「ひとは　いちれつ　みな　きょうだい」、その一貫した教えに殉じた彼は、正直かつ誠実に天理教教祖中山みきと向き合った。

その、風間博が旅立った。

二〇一六年十二月四日のことである。

亡くなる年の夏、珍しく彼の方から電話がかかってきた。最後に話した言葉は筆者の胸に強く残る。

「本部は、何でもかんでも理屈で詰め寄ってきよる。（戦後）七十一年も経ってしもたから、やれ歴史観の違いや、やれ解釈の違いやというてな。だけど、そんなことをいう人間にかぎって結局は逃げとるんや、で。ゴタゴタ理屈を並べる前に、まず謝ったらいいんや」

彼は、「あの時代の事実を素直に認める姿勢があってはじめて、戦争の悲惨な記憶を子孫たちに継承できることになり、平和のありがたさが多少でも実感できるのだ」と、電話口で檄を飛ばしていた。

昭和の初め、満州天理村に入植した人々は日本ですべての財産を処分し、各人が「おつくし（献金）」を捧げ、「命のつなぎ」に信者自らが信仰の意義と生活の夢を託し、明日への希望に満ちて北満へと出かけて行った。だが、予期せぬ敗戦によって、わたくしたちの想像も及ばぬ苦難の中で多くが命を落とし、幼い子供たちや若者たちは帰国のチャンスを失い「かつて満州国といわれた国」に残らなければならなかった。その非業なる苦難は、筆舌つくせぬものがある。幸運にも帰国できた信者たちにも、いばらの道が待ち受けていた。新たな開拓村の開墾である。だが、信者たちは揺るがぬ信仰を糧に幾多の困難を乗り越え、決意をあらたに開拓した日本の「天理村」は、もはやあの移民時代がうそのように平和なたたずまいを見せている。ここに、信仰心を糧に血の通った人間の道行きを見ることができる。

ご一読いただいておわかりのように本書は、日本のみが戦争の罪過を背負わされているものでもなく、ましてや天理教団のみに宗教団体として戦争加担の罪過の責任を追及したものではない。いうなれば天理教団までがあの時代の抑圧の波にのみこまれていったという事実に着眼したことである。さらに言えば、教祖中山みきの「親心」の教えに背いてまでも「国策」に殉じた教団ではあったが、みきの「教え」を否定するものでもない。そこには、いつの時代にも宗教さらには宗教を求める人たちの「心」が、いかに国策に殉じやすいものかという危険性を、残された資料をひもときながら問いかけようと試みたものである。そしてあの時代、「大命」の名の下で非業・悲命な実験の犠牲となった罪のない中国の人々をはじめ外国市民に哀悼の意を表するとともに「陰翳」を語ってくれた故風間博の熱い思いを刻んだ警告の書となることを願ってこの稿をおきたい。

最後に、出版を決意したきっかけは二〇一五年、「週刊金曜日ルポルタージュ賞」に入賞したことによるものであり、以後執筆にあたり励ましと惜しみない協力の労を取ってくれた多くの日本の友人、さらにここ数年、健康悪化が続く筆者の体調を管理し、執筆促進に力添えを頂いた京都・十条武田リハビリテーション病院の真多俊博医師および病院スタッフ、これらの方々のご助力なしには本書の上梓は叶わなかったものと感謝申し上げる。また日本で最も多く満蒙開拓者を送り出した長野県の出身者えにし書房社長塚田敬幸氏には、匿名を強く望んだ資料提供者たちの思いを深く理解し出版の力添えを頂いた。心より感謝の意を表したい。

二〇一七年　師走の京都にて

参考文献一覧

天理教原典　「おふでさき」「おさしづ」

●書籍

青木冨貴子『七三一』新潮文庫、二〇〇五年
青地晨『天理教』弘文堂新社、一九六八年
朝日新聞社朝日ジャーナル編集部『昭和史の瞬間（下）』朝日新聞社、一九六六年
石崎正雄『教祖とその時代――天理教史の周辺を読む』天理教道友社、一九九一年
井出孫六『中国残留邦人――置き去られた六十余年』岩波新書、二〇〇八年
太田昌克『七三一免責の系譜』日本評論社、一九九九年
笠原一男『転換期の宗教――真宗・天理教・創価学会』ＮＨＫブックス、一九六三年
桑島三郎『満州武装移民』教育社歴史新書、一九七九年
合田一道『証言――満州開拓団の死の逃避行』富士書苑、一九七八年
坂本龍彦『満州難民　祖国はありや』岩波書店、一九九五年
芹沢光治良『死の扉の前で』新潮社、一九七八年
戦争犠牲者を心に刻む会編『七三一部隊』東方出版、一九九四年
天理教教会本部『天理教教典』天理教道友社、一九九五年
板倉知雄『天理教青年会史』第一巻、天理教道友社、一九七〇年

天理教表統領室特別委員会編『世界たすけへ更なる歩みを――「復元」五十年にあたって』天理教道友社、一九九五年
天理教生琉里教会編『天理村十年史』天理時報社、一九四四年
利光正彦『伊賀生琉里五〇年史』天理時報社、一九九九年
野村秋人『天理教祖こそ救世主』善本社、一九八五年
東井三代次『あの日あの時・おぢばと私』養徳社、一九九七年
堀井順次『敗戦前後――満州キリスト教開拓団長の手記』静山社、一九九〇年
森井敏晴『天理教の海外伝道――「世界だすけ」――その伝道と展開』善本社、二〇〇八年
森村誠一『新版――悪魔の飽食』角川書店、一九八八年
森村誠一『新版　続・悪魔の飽食』角川書店、一九八三年
諸井政一『正文遺韻抄』天理教道友社、一九五五年
山澤廣昭『天理教青年会史　第四巻』天理教青年会本部、一九八六年
山根理一編著『旧満州天理村開拓民の歩み』私家版、一九九五年
山根理一編『満州天理村　残留孤児たちは、いま』天理教道友社、一九八二年
山根理一『満州天理村物語』（非売品）
松岡洋石『満鉄を語る』第一出版社、一九三七年
林懐秋・石上正夫『中国少年の見た日本軍――日本語で綴る10人の証言』、一九八五年、青木書店
相本哲邦・松本隆二・吉岡数子『満州侵略の果て――百五十五万人の歴史』一九八六年、大湊書房
『声・特集　もっと光を』天理教よのもと会「声」編集部、昭和五十一年（一九七六）
後藤蔵人『満州＝修羅の群れ――満蒙開拓団難民の記録』、大平出版社、一九七三年
西田勝・孫継武・鄭敏『中国農民が証す「満洲開拓」の実相』二〇〇七年、小学館

●雑誌、新聞

「荒木棟梁」一九三九年、天理教青年会

「教海一瀾」第二三八号（一九〇四年十二月二十四日）、教海雑誌社

「宗教と平和」二〇〇六年四月十日号、日本宗教者平和協議会

「大法輪」一九三八年三月号、大法輪閣

「天理時報」一九四五年八月五日号、一九四六年九月八日号、天理教道友社

朝日新聞三重県版、一九九五年一月五日～十四日付「道はるか　三重の五十年――プロローグ」

毎日新聞一九九五年六月四日付、一九九五年六月十一日付

信濃毎日新聞一九三四年十月六日付

文藝春秋九月特別号、一九八三年

第2刷　あとがき

初版を送り出した直後から、生存する開拓団関係者や七三一部隊研究者たちから励ましのお言葉をいただき、思いがけない反響に恐縮していたところ、わずか三ヵ月で再版の運びとなったことは、著者として大きな喜びである。同時にこのような戦争＝悪を二度と繰り返さぬために、実相を知る私たち世代が未来を担う人々に正しく伝えることの大切さをあらためて思う。満州天理村と七三一部隊の実像にわずかながらもふれることができたという自負心はあるが、先の関係者たちの新たな意見や肉声をもとに、さらなる正確さに迫りたいという思いが日々強くなっている。第2刷にあたり、誤字・脱字はあらためたことを、お詫びとともに報告したい。

【著者紹介】

エィミー・ツジモト

フリーランス国際ジャーナリスト

アメリカ・ワシントン州出身

ヨーロッパ・オセアニア・日本に在住し、日系移民の歴史や捕虜問題をはじめ現代史に関する記事を多数発表。

近年は、アメリカにおける政治・外交についての記事を日米両国に寄稿。

著書に『消えた遺骨――フェザーストン捕虜収容所暴動事件の真実』（芙蓉書房出版、2005年）、共著に『漂流するトモダチ――アメリカの被ばく裁判』（朝日新聞出版、2018年）がある。

Enishi Shobo

満州天理村「生琉里《ふるさと》」の記憶

天理教と七三一部隊

2018年 2月25日 初版第1刷発行
2018年 5月31日 初版第2刷発行

■著　者　　エィミー・ツジモト
■発行者　　塚田敬幸
■発行所　　えにし書房株式会社
〒102-0074 東京都千代田区九段南 2-2-7 北の丸ビル 3F
TEL 03-6261-4369　FAX 03-6261-4379
ウェブサイト　http://www.enishishobo.co.jp
E-mail info@enishishobo.co.jp

■印刷／製本　三松堂印刷株式会社
■組版／装幀　板垣由佳

 ISBN978-4-908073-48-9 C0021

實り（粟）

家庭の團欒

移民家屋

放牧場（馬・牛）

緬羊

水田

墓地参拜

家路を急ぐ

天理教青年會の名によりて、國策に應じて滿洲に移民の村落を計畫してより、早くも十餘年を經、今年早くも生琉里村創建以來滿十年に及ぶと聞く。まことに感慨無量なり。その開現地にありて具さに開拓の努力を傾倒せし橋本村長、山田村長、魁生村長以下各村民の勞功に對し深甚なる敬意を表すと共に、協力援助に勇躍せる天理教青年會員、ひいては天理教内各位に謝意を表す。

今日此處に、滿十年の記念史を編するに當り、その原稿を閲するに、一つとして思ひ出ならざるはなく、回顧するに又つきるを知らず。

思へば此十年、世界の流轉は筆舌に絶し、人間心は只に驚きの聲を發せしむるのみ。八紘一字の天業は、北支事變より大東亞戰爭に進展し、世界の人類は擧つて新舊兩大陸に新秩序の出現に干戈を交へ、昨日の交誼を弊履の如く顧みざるに至り、吾人はまさに前古未曾有の危點に起つ。國の内外にあるを不問、誰かその責任の重

五、吉川組ノ工事契約ハ乙ニ於テ之ヲ解除スルコト

但シ乙ヨリ吉川組ヘ交付セル金一萬圓ヲ超ユル支拂ハ甲ニ於テ負擔ス

昭和十三年九月十一日

甲　橋本正治

乙　名原盛島

立會人　村田鐵次

4　天理村鐵道股份有限公司設立

かくて一切を白紙に還して、三度新會社の設立準備にかゝつた。同八月三十一日にいたり資本金二十萬圓の天理村鐵道股份有限公司の設立許可申請が經濟部宛に行はれた。そして天理鐵道を十二萬五千圓で買收することにした。

（編者註　申請書ハ復途ノ哈爾濱産業鐵道股份有限公司設立許可申請ト同様ニ付省略）

その設立は同九月二十三日付で許可された。

經濟部指令第五五六號

股份有限公司設立認可申請ノ件

天理村鐵道股份有限公司

發起人代表　橋本正治

各種書類ハ公司法施行法第二十四條ノ規定ニ依ツテ不合理ノ點無之依ツテ茲ニ公司設立ヲ認可ス

康徳四年九月二十三日

經濟部大臣　韓雲階

難行を續けた會社はこゝに初めてその設立を認可された。次いで同十月十三日には交通部宛營業許可申請が行はれ、同十二月十四日それが許可され、漸く運輸開始の運びとなつた。昭和十一年六月の起工から實に一年半振りである。その間の經緯、一重に資金難に基く結果といふ外はない。

この時の鐵道現状は次の通り

會社幹部

取締役社長	上田孝吉
取締役	橋本正治
取締役	加藤明
取締役	辻光
取締役	谷口陸太郎
取締役	江口濾鵜夫
監査役	石橋茂
監査役	北林惣吉
支配人	闕江秀惠
主任技師	三谷吉之助

鐵道施設

營業籽程	一五籽四〇〇	軌道三〇ポンド
停車場	三ヶ所	
停留所	三ヶ所	
機關車	一輛	七瓩ガソリン機關車
自動車	一輛	
客車	一輛	
貨車	一二輛	

營業收入（一日平均）

一月十五圓　四月四十圓　六月五十圓

周縁と機縁のえにし書房

と号第三十一飛行隊「武揚隊」の軌跡

信州特攻隊物語完結編　さまよえる特攻隊

きむらけん 著／四六判 並製／ 2,000 円+税　　978-4-908073-45-8 C0021

インターネットでの偶然から５年、ついに明らかになった武揚隊の全貌！　信州特攻隊四部作、完結編。出版を通して寄せられた情報がパズルのピースを埋めた。新資料と検証の積み重ねで辿り着いた真実は……。

ミドリ楽団物語　戦火を潜り抜けた児童音楽隊

きむらけん 著／四六判 並製／ 2,000 円+税　　978-4-908073-29-8 C0095

戦時下に発足し、陸軍を慰問し評判となった小学生による音楽隊は、戦後にはミドリ楽団として華々しいデビューを遂げ、駐留米軍をはじめ多くの慰問活動を行い、日米友好を深める架け橋となった。音楽を愛する一人の教師が、戦中・戦後を駆け抜けた稀有な音楽隊を通して、学童たちとともに成長していく物語。

愛国とレコード　幻の大名古屋軍歌とアサヒ蓄音器商会

辻田真佐憲 著／ A5 判 並製／ 1,600 円+税　　978-4-908073-05-2 C0036

軍歌こそ“愛国ビジネス”の原型である！大正時代から昭和戦前期にかけて名古屋に存在したローカル・レコード会社アサヒ蓄音器商会が発売した、戦前軍歌のレーベル写真と歌詞を紹介。詳細な解説を加えた異色の軍歌・レコード研究本。オールカラー。

語り継ぐ戦争　中国・シベリア・南方・本土「東三河８人の証言」

広中一成 著／四六判 上製／ 1,800 円+税　　978-4-908073-01-4 C0021

「戦争体験の記録」を記憶する。かつての“軍都”豊橋を中心とした東三河地方の消えゆく「戦争体験の記憶」を記録する。いまだ語られていない貴重な戦争体験を持つ市民８人にインタビューし、解説を加えた、次世代に継承したい記録。

新装版　禅と戦争　禅仏教の戦争協力

ブライアン・ヴィクトリア 著／**エイミー・ツジモト** 訳／四六判 並製／ 3,000 円+税

禅僧たちの負の遺産とは？　客観的視点で「国家と宗教と戦争」を凝視する異色作。僧衣をまとって人の道を説き、「死の覚悟、無我、無念、無想」を教える聖職者たち―禅仏教の歴史と教理の裏側に潜むものを徹底的に考察する。978-4-908073-19-9 C0021